Copertina: Cecco Bonanotte, *Colloquio-atttesa,*1982, cm. 21x23x5, argento.

L'insegnamento dell'italiano alle soglie del 2000

a cura di

Giovanna Panico e Leonard G. Sbrocchi

New York   Ottawa   Toronto

Canadian Cataloguing in Publication Data

Main entry under title:

L'insegnamento dell'italiano alle soglie del 2000

Papers presented at a conference held Mar. 17-19, 1995, Ottawa, Ont.

Includes bibliographical references and index

ISBN 1-894508-04-1

1. Italian language--Study and teaching. I. Panico, Giovanna, 1941- II. Sbrocchi, Leonard G. (Leonard Gregory), 1938-

PC1065.I57 2000   458'.007   C00-900546-3

For further information and for orders:

LEGAS

P. O. Box 040328   68 Kamloops Ave.   2908 Dufferin Street
Brooklyn, New York   Ottawa, Ontario   Toronto, Ontario
USA 11204   K1V 7C9   M6B 3S8

Printed and bound in Canada

Avvertenza

Il presente lavoro è il frutto di un convegno organizzato qualche anno fa dai responsabili per lo studio dell'italianistica delle università Carleton e Ottawa nel momento in cui si era messo a punto un programma di laurea congiunta che prometteva una fioritura degli studi di italiano nella capitale canadese. Purtroppo oggi, a distanza di tempo, vediamo che le cose sono cambiate di molto a causa di una politica universitaria indipendente dai nostri sforzi. Ciò non toglie, però, che i temi discussi: l'insegnamento dell'italiano trattato dal punto di vista teorico e pratico da docenti italiani e canadesi, la molteplice realtà della composizione dei nostri studenti, che in parte riflette anche quella italiana odierna, la politica del Multiculturalismo del governo canadese, o quella delle università italiane per stranieri, non restino temi validi ancor oggi. Da questo punto di vista, infatti, le discussioni e le conclusioni raggiunte presentano un quadro sempre attuale ed utile per il futuro insegnamento della lingua italiana in paesi stranieri e in Canada in particolare. È precisamente questo che ci ha spinti a completare e portare alla luce questo volume.

Pertanto siamo grati al Ministero degli Affari Esteri italiano per la sua generosità nell'organizzazione del convegno stesso che risulta in questa pubblicazione.

G.P. e L.G.S.

Prefazione

Tullio De Mauro

Dalla sua nascita, a metà anni Sessanta, la Società di Linguistica Italiana volle e seppe darsi una dimensione internazionale. Spingeva a ciò un fattore intrinseco degli studi linguistici in sé e nel loro sviluppo italiano, su cui ho insistito già molti anni fa (*Idee e ricerche linguistiche nella cultura italiana*, Bologna Il Mulino, 1980); la loro costitutiva plurilinguisticità *e parte obiecti* (non c'è linguistica, nemmeno universalizzante, che non sia fondata sulla hum-boldtiana *Vergleichung*, sul confronto di piú lingue) e la loro in parte conseguente internazionalità *e parte subiecti*, specialmente sensibile nella tradizione nazionale italiana. Un buon saggio o libro di linguistica difficilmente può fondarsi su una bibliografia unilingue e uninazionale; se lo fa è da guardare con sospetto.

Ma su noi che, da Luigi Heilmann e Renzo Titone ai piú giovani (allora!), cercavamo di avviare la *SLI*, pesava anche la consapevolezza di altre due elementi: la percezione (con un misto di rammarico e orgoglio) della diaspora di specialisti di linguistica italiana (non solo italianisti) in Europa e nel mondo, da Tübingen e Oxford a Sidney o Amsterdam, dagli USA a Kyoto; e la percezione dell'importanza che, a partire dalla presenza delle *little Italies*, avevano gli studi di lingua italiana in molti paesi.

Tutto ciò ci spinse a dedicare il quarto congresso della neonata *SLI* proprio al tema dell'insegnamento dell'italiano fuori d'Italia. La *SLI* era allora ed è restata orgogliosamente povera. Chi viene ai suoi congressi lo fa a sue spese. Il congresso (1-2 giugno 1970) fu un successo imprevisto. Vennero a Roma italianisti da tutte le parti del mondo. Gli atti del convegno, pubblicati da Bulzoni nel 1971 a cura del compianto Mario Medici e dell'allora giovanissimo Raffaele Simone (*L'insegnamento dell'italiano in Italia e all'estero*), occuparono due volumi, fitti di indicazioni metodologiche e di un primo artigianale censimento della diffusione dell'insegnamento dell'italiano in molti paesi diversi.

Ci rendemmo conto fin d'allora che l'italiano, per dirla in commercialese, "tirava". Tuttavia, quando una dozzina d'anni dopo (1-4 marzo 1982) i ministri dell'istruzione e degli esteri organizzarono a Roma, al

7

Parco dei Principi, un opulento simposio sull'italiano "lingua seconda", parte dell'*establishment* accademico e quello politico-ministeriale accolsero come una sorpresa la notizia dell'espansione grande e crescente dello studio dell'italiano fuori Italia.

Dopo molti studi del fenomeno, svolti o coordinati da Camilla Bettoni, Paolo Balboni, Ugo Vignuzzi, Ignazio Baldelli, Massimo Vedovelli, per citare almeno alcuni, capita ancora di trovare qualcuno che si sorprende. Ma perché mai in giro per il mondo cercano di imparare piú di altre una lingua che ha, parrebbe, "soltanto" una valenza culturale e poca utilizzabilità pratica? La domanda aleggia anche in qualche pagina di questo volume. Che, però, cerca altrove il suo fuoco: nel delineare i presupposti psicolinguistici e teorici generali dell'insegnamento di una lingua "etnica" come l'italiano e nel fornire ricche indicazioni di metodo glottodidattico. Il complessivo lavoro degli specialisti italiani e canadesi si raccomanda così come una assai utile messa a punto dei modi di insegnamento della nostra lingua.

Resta la domanda di cui si diceva, la cui risposta reale, nelle cose, è evidentemente alla base, pur sottintesa, di tutto l'enorme e troppo spesso disperso e oscuro lavoro che migliaia di insegnanti di italiano fanno nel mondo per insegnare e promuovere la lingua dell'Italia. È una domanda strategica, anche dal punto di vista delle metodologie dell'insegnamento, e ho cercato di costruire altrove una risposta, in collaborazione con Massimo Vedovelli (nello "International Journal of Sociolinguistics", 107, 1994, pp. 25-39 e, poi, nel volume del Centro Studi Emigrazione, *Scuola, lingua e cultura nell'emigrazione italiana all'estero*, Roma, 1996, seguito, val la pena di ricordare, da una preziosa retrospettiva storico-bibliografica di padre Graziano Tassello e Massimo Vedovelli).

Certo l'italiano, diversamente dal cinese mandarino scritto, francese, inglese, russo, swahili e spagnolo, non è una lingua "transglottica", parlata diffusamente, oltre che dai nativi, come diffusa lingua seconda in altri paesi: lo è, ma tenuemente, soltanto in alcune aree balcaniche, a Malta, sulle coste africane nord occidentali. Certo l'italiano ha perduto dal Cinquecento il ruolo di lingua della diplomazia e dei contatti scientifico-intellettuali, che fu del francese ed ora dell'inglese. Certo l'italiano non ha la base demografica che hanno cinese, inglese, russo, bengali, giapponese: i cinquantacinque milioni di residenti e i milioni di emigrati di prima e seconda generazione le danno una buona, ma non ottima posizione tra le lingue del mondo. Certo il cittadino italiano medio non ha il reddito *pro capite* di nordamericani, svedesi, svizzeri e dei felici abitanti di alcuni emirati arabi: è solo al tredicesimo o quattordicesimo posto nel mondo. Certo l'Italia non ha il ruolo tecnologico-produttivo e finanziario di paesi che parlano inglese, giapponese, tedesco. Che piú? I servizi pubblici sono pessimi, trovare un taxi in una città italiana è un'impresa improponibile, prenderlo (senza fila, nella calca) richiede un addestramento cui nel Pianeta solo i nativi si sottopongono da bimbi, l'Italia "ha perduto la guerra" (o no? la cosa non è chiara) e da tre campionati del mondo non li vince. Perché studiare l'italiano?

Con il loro tranquillo linguaggio i fatti suggeriscono che evidentemente nel Pianeta oltre un milione di persone ogni anno trovano motivi per studiare l'italiano a vario livello, da quello elementare, turistico, a quello elevato, universitario. Non si tratta solo di una presenza colta. Non sono solo i neologismi del Webster a dirci che l'italiano è, alla pari con lo spagnolo, la lingua che piú fornisce esotismi all'American English. In un lavoro di vari anni fa ho mostrato come nelle aree urbane piú diverse, dalla vecchia città di Stoccolma a Ginza (Tokio), l'italiano incalza l'inglese e soverchia il francese nelle scritte pubblicitarie, nelle insegne dei negozi e locali, nei nomi di marche d'auto, nei menù. Si veda, a ulteriore conferma, uno dei recenti rapporti "L'immagine dell'Italia nella stampa straniera", promossi dalla McCann Erickson con Klaus Davi & Co, riportato nel settimanale "Internazionale" (V, 1998, n. 239, p. 18) e dedicato alla grande diffusione dei modi di dire italiani nella stampa di tutto il mondo. Addirittura, recensendo l'ultima edizione di quella Sacra Bibbia e Corano che è il *Concise Oxford Dictionary* (la nona, del 1995), un grande giornale britannico, il "Guardian", ha scritto con ironia dolceamara che lo storico del futuro, consultando l'opera, sarà in diritto di credere che la storia della civiltà britannica è cominciata con l'invasione di Giulio Cesare ed è finita, al termine del secolo XX, con una gigantesca invasione di cuochi italiani.

Insisto, anche scherzosamente, su ciò perché qualche mio collega, illustre e acuto come Raffaele Simone, a piú riprese ha presentato l'italiano come una lingua per *élites* colte, dotti archeologi e *aficionados* del petrarchismo cinquecentesco. È questo, ma non solo.

È la lingua di un mercato produttivo e di consumo che è, nell'insieme, al quinto o al sesto posto, come reddito globale, nel modo, reso piú appetibile proprio dalla diaspora delle *little Italies*. Non è una lingua transglottica o diplomatica, ma non c'è ambiente colto del mondo in cui, tra melodramma, film e prossimità fonomorfologica e lessicale al latino, non vi siano persone che parlano assai bene l'italiano. È la lingua del piú grande deposito (dal sessanta al settantacinque per cento del totale) di memorie archeologiche, monumentali, artistiche e storiche del mondo. È, infine, e non va trascurato, la *langue de guerre* della Chiesa cattolica. Per note ragioni storiche esterne combinate con una ragione piú interna, la prossimità fonomorfologica e lessicale al latino, lingua liturgica e ufficiale della Chiesa di Roma, l'italiano, da secoli e ancora oggi, è la lingua del clero cattolico un po' in tutto il mondo. Papa Vojtyla che arriva a Roma già parlando un discreto italiano (*Si sballio corrigetemi...*) è il simbolo di quella diffusa presenza "clericale" dell'italiano (che, ho mostrato altrove tanti anni fa, in una *Storia linguistica*, ebbe del resto parte decisiva anche nello sviluppo linguistico interno all'Italia). Ma lo stesso Papa ci ha dato un documento anche piú impressionante del ruolo che l'italiano ha nella Chiesa.

Ricordiamo tutti —credo— i giorni in cui il cauto processo riformatore intrapreso in Unione Sovietica da Gorbaciov fu interrotto da un tentativo di golpe volto a ripristinare l'ordine costituito paleostalinista. In quei giorni Papa Vojtyla era in Ungheria. Era atteso un suo discorso in una grande piazza di Budapest. Si intuì che il Papa sarebbe sceso in campo, sfruttando la presenza delle televisioni di tutto il mondo, per chiedere salva la vita del grande leader russo e per sostenere la necessità di continuare il suo processo riformatore. Intuizione esatta. La Grande Storia passava, quel giorno, per le vie di Budapest e Mosca. Il Papa parlò con enorme efficacia. Avrebbe potuto parlare, lui polacco, nella sua lingua, già comprensibile al mondo slavo, o, volendo essere ascoltato specialmente in URSS, in russo, all'immenso uditorio dell'ancora esistente URSS che ne attendeva la parola. Avrebbe potuto leggere le sue dichiarazioni nella lingua della folla raccolta intorno a lui, in ungherese. Avrebbe potuto direttamente parlare l'inglese alla immensa platea televisiva internazionale, e sarebbe stato immediatamente capito in ogni continente. Parlò in italiano, da vescovo di Roma.

Così è un intreccio di motivi, un intreccio eterogeneo e perfino blasfemo, certo contraddittorio, ossimorico —Sofia Loren e la pizza, pii vescovi e Machiavelli, Botticelli e Benetton, *dolce vita* e *dolce far niente*, grandi industrie e piccoli magliari, ponti geniali sugli stretti e taxi da conquistarsi come il Vello d'Oro, il latino dei grandi classici e dei giuristi e la vitalità dei dialetti o, se volete, la mafia, ma anche Giovanni Falcone— è questo intreccio quello che ogni anno sospinge, nell'Illinois o a Osaka, a Mendoza o a Bergen, centinaia di migliaia di giovani su quella che James Joyce ha evocato una volta: la *Vico Road*.

A chi lavora per loro e con loro questo bel volume si offre come punto di riferimento prezioso per migliorare il loro lavoro: lavoro di "piccole sentinelle" (avrebbe detto Antonio Gramsci) del grande, pacifico, inerme, potente, sciamannato, scintillante esercito dell'italianità linguistica nel mondo.

Università degli Studi di Roma "La Sapienza"

Dalla comunicazione alla formazione*

Paolo E. Balboni

In questi ultimi vent'anni, sull'onda di quanto avvenuto per la didattica dell'inglese, anche l'italiano ha scoperto la dimensione strumentale, comunicativa dell'insegnamento linguistico. Ma a differenza dell'inglese, la lingua italiana è essenzialmente "inutile" anche se molte migliaia di persone già la studiano per ragioni strettamente comunicative. Ora, la comunicazione è importante, e il raggiungimento della competenza comunicativa è un traguardo primario e ineludibile. Ma non basta.

Non basta per l'inglese, lingua franca del nostro secolo, e non basta a maggior ragione per l'italiano, che viene studiato come strumento non solo di lavoro o di turismo, ma per la dimensione culturale (in senso classico e in senso antropologico) cui l'italiano dà accesso. Quindi, si deve passare da una prospettiva meramente comunicativistica ad una piú formativa, in cui l'italiano si saldi con le altre lingue e, piú in generale, con le altre discipline per raggiungere la dimensione educativa, formativa: educazione linguistica (che abbraccia l'intera gamma delle lingue insegnate) cosí come viene intesa in Italia da quindici anni, sia nei programmi scolastici, sia nella ricerca glottodidattica, ed educazione semiotica (la significazione, nei vari linguaggi accessibili all'uomo, siano questi naturali o artificiali), come l'abbiamo presentata proprio in Canada nell'ultimo numero del 1994 di *Signifying Behavior*.

Per poter passare dalla dimensione comunicativa a quella piú vasta della formazione, è necessario definire l'oggetto preciso cui si fa riferimento quando si afferma di "insegnare la lingua italiana".

Tale descrizione non sarà svolta in termini linguistici (descrizione della lingua italiana), bensí in termini glottodidattici. Si procederà cioè alla definizione delle *mete* dell'educazione linguistica, nel cui ambito si iscrive l'insegnamento dell'italiano, nonché degli *obiettivi* che vanno perseguiti per offrire allo studente un dato livello di competenza comunicativa in italiano.

---

*Alla base di questo saggio si trova la teorizzazione curricolare che abbiamo elaborato per il Curricolo Generale di Italiano dell'Università per Stranieri di Siena. I punti di riferimento sono stati soprattutto Dubin-Olshtain 1986 e Johnson 1989, oltre ai cap. 6 & 7 di Hutchinson-Waters 1987.

1. Un curricolo comunicativo-formativo di italiano

Si vedrà ora schematicamente che cosa è incluso nel curricolo di italiano come lingua seconda o straniera (ma ciò vale anche per la lingua materna e, esclusa la dimensione orale, anche per le lingue classiche).

a) *Mete educative generali*

Esse sono proprie dell'Educazione Generale e quindi devono essere perseguite *anche* attraverso l'educazione linguistica: sono la *culturizzazione*, la *socializzazione* e *l'autorealizzazione* (cfr. 2);

b) *Mete specifiche dell'educazione linguistica*

Le mete specifiche dell'educazione linguistica si concretizzano nella *competenza comunicativa* (cfr. 3) e nella *competenza glottomatetica*, cioè nell'apprendere ad apprendere lingua/e (cfr. 4). Nella competenza comunicativa si individuano tre aspetti e cioè *saper fare* lingua, *saper fare con* la lingua, *sapere la lingua*.

A questi tre aspetti si sovrappone la *competenza metacomunicativa*, cioè la consapevolezza esplicita delle regole che compongono la competenza comunicativa.

2. Mete educative

Insegnare l'italiano a stranieri con un approccio formativo-comunicativo, cioè con una funzione educativa e non solo strumentale, significa perseguire delle mete a lungo termine e non solo degli obiettivi immediati.

Le mete sono di due tipi: da un lato si hanno quelle educative, comuni a tutte le discipline, dall'altro quelle glottodidattiche (cfr. 3).

Non dedicheremo molto spazio all'approfondimento teorico della natura delle mete educative: molta letteratura è stata prodotta, e ad altissimo livello, su questo tema; basti, per tutte, uno studio approfondito della riflessione che da anni G. Freddi è venuto conducendo sul tema (1970, 1979).

Le mete educative, che costituiscono le coordinate del campo d'azione dell'educazione linguistica, sono tre e rimandano ai tre poli dell'interazione umana: "Io", "Io e Te", "Io e il Mondo".

a. *Culturizzazione*

La culturizzazione ("Io e il Mondo") include l'*inculturazione* nella propria cultura (i valori, i comportamenti, i modi di rapportarsi agli altri, ecc.) e l'*acculturazione* nelle altre culture; essa mira anche alla creazione di un atteggiamento di *relativismo culturale* e di *interesse* (non solo tolleranza!) *per l'altro da sé*. Ciò costituisce il contributo specifico che l'insegnamento dell'italiano può offrire all'educazione alla pace. Approfondiamo alcuni aspetti:

— *Inculturazione* definisce l'acquisizione dei modelli culturali propri della propria comunità (tra i quali emerge la lingua) ed è condizione necessaria per essere accolti. Il processo di inculturazione viene qui citato perché esso è caratterizzante nelle situazioni di *italiano lingua etnica*. Queste situazioni sono, infatti, particolari soprattutto perché gli anziani, depositari originari dell'immagine dell'Italia e della sua lingua, non tollerano innovazioni da parte dei giovani — cosa invece ammessa, entro certi limiti, nelle situazioni di italiano lingua materna.

— *Acculturazione* significa la conoscenza da parte di uno straniero di modelli culturali necessari per socializzare in Italia: un inglese, ad esempio, dovrà accettare di guidare a destra, di non chiedere la birra a pinte, e cosí via. Non si può insegnare l'italiano in maniera comunicativa senza curare l'acculturazione.

— *Relativismo culturale*: ogni modello culturale è la risposta originale di una cultura ad un problema di natura (nutrirsi, procreare, organizzarsi socialmente, parlare, ecc.); è quindi degno di rispetto e va valutato in base a parametri propri della cultura in cui si inserisce. Gli insegnanti hanno come primo compito educativo quello di portare gli allievi al rispetto di ciò che l'Italia ha di diverso rispetto al loro Paese e, allo stesso tempo, di mettere in luce le matrici comuni che lo legano alla cultura italiana.

La competenza culturale è *condizione necessaria per la socializzazione;* lo studente di italiano che non conosce e rispetta i modelli culturali condivisi dagli italiani viene infatti tenuto ai margini, espulso, ignorato dalla nostra comunità.

b. *Socializzazione*

La lingua svolge un ruolo cardine ai fini della socializzazione ("Io e Te"), in quanto è il principale strumento di interazione. Non approfondiremo qui il tema della socializzazione ampiamente trattato nella letteratura glottodidattica degli ultimi decenni. Ci limiteremo a dire che per insegnare a socializzare bisogna sviluppare la competenza non solo linguistica, ma soprattutto pragmatica e sociolinguistica (cfr. 3).

La persona culturizzata e socializzata può perseguire la propria autorealizzazione.

c. *Autorealizzazione*

Per perseguire in Italia i suoi scopi esistenziali, professionali, affettivi ("Io", nella tripartizione vista sopra), ecc., uno straniero deve fare affidamento su una solida competenza comunicativa, che gli permetta di interagire, di realizzare il proprio progetto di sé. Il fatto che uno studente apprenda l'italiano per turismo o per arricchirsi commerciando con il nostro paese o per studiare la nostra letteratura risponde certo a tre modelli di vita diversi: tuttavia, il compito dell'insegnante di italiano non è quello di valutare i fini dell'allievo (anche se li può discutere) ma quello di garantirgli una conoscenza dell'italiano che gli consenta di raggiungere al meglio i suoi fini di vita — turismo, ricchezza, Dante o qualunque altro fine.

Un aspetto particolare dell'autorealizzazione è quello dell'*imparare ad imparare*, che tratteremo in seguito.

3. *La competenza comunicativa*

Le mete glottodidattiche si articolano in due blocchi: (a) lo sviluppo della *competenza comunicativa* nella lingua italiana e (b) lo sviluppo della *competenza matetica*, cioè d'apprendimento linguistico, riferito non solo alla lingua italiana ma anche a tutte le altre lingue che l'allievo deciderà in futuro di acquisire.

La competenza comunicativa rimanda alla necessità di:

a. *Saper fare lingua*

Si tratta della capacità di padroneggiare le abilità linguistiche, intese come fasci di processi interrelati: saper comprendere, ad esempio, richiede una serie complessa di processi cognitivi, esperienziali, linguistici; saper riassumere e saper prendere appunti sono abilità cognitive prima che linguistiche; saper progettare un testo è un'abilità che non cambia in relazione al fatto che il testo sia poi steso in italiano, inglese, francese.

Ora, lo sviluppo di queste abilità in italiano, per il meccanismo del transfer, diventa produttivo anche nella lingua materna e nelle varie discipline insegnate, che richiedono la raccolta di appunti, il riassunto, la stesura di testi, e cosí via.

Lo studente che scopre che lo studio dell'italiano gli è utile per la sua formazione globale è piú motivato a proseguire con impegno ed assiduità.

b. *Saper fare con la lingua*

È la capacità funzionale, che permette di utilizzare la lingua come strumento di azione in un determinato contesto; nella tradizione glotto-didattica si era accentuata la funzione metalinguistica ("gramma-tica"), dagli anni Settanta si è accentuata quella strumentale ed interpersonale, cioè il "saper fare" con la lingua. Nella didattica dell'italiano, specie in Nord America, questa accentuazione è stata la-bile e ciò ha provocato una duplice delusione degli allievi: da un lato si rendevano conto che nei corsi di ESL o di tedesco o francese l'attenzione alla dimensione comunicativa era superiore, dall'altro usavano libri obsoleti (perché di nuovi ad impianto grammaticalistico non ce ne sono) oppure usavano libri comunicativi, come *Lino* dell'editore Bonacci, ma tradendone la matrice comunicativa a favore di un grammaticalismo puristico...

La dimensione pragmatica, l'imparare ad agire in italiano, a chie-dere la strada, a ordinare uova strapazzate, a salutare in maniera for-male e informale, ecc., non rappresenta l'apprendimento completo della lingua italiana, ma ne è una componente essenziale.

c. *Sapere il codice linguistico e saperlo integrare con altri codici dispo-nibili per la comunicazione*

Si tratta da un lato della capacità di usare le grammatiche linguisti-che dell'italiano (fonologica, grafemica, lessicale, morfosintattica, te-stuale), dall'altro di sapere integrare il linguaggio verbale con i lin-guaggi gestuali, oggettuali, prossemici, ecc.

L'acquisizione di questi sistemi di 'regole' (intese come meccanismi di funzionamento e non come norme cui obbedire ciecamente) può avve-nire in maniera tradizionale: con l'apprendimento mnemonico di liste, di coniugazioni, di eccezioni, riempiendo *blanks* e volgendo al plurale, al negativo, al passato (e chi piú ne ha piú ne metta); oppure può avve-nire in maniera intelligente cioè stabilendo connessioni, osservando ge-neralità e intuendo l'esistenza di regole da verificare nei testi disponi-bili. Questo insegnamento formativo della grammatica, che porta ad aumentare la capacità di ragionare sulla lingua, richiede certo piú tempo dell'immagazzinamento passivo di schemi precostruiti, ma è formativo.

Le tre dimensioni (che possono essere approfondite in Balboni 1991 e 1994, che ne offrono una cornice teorica e tecniche pratiche) non sono isolate ed indipendenti, ma si realizzano solo se c'è l'interazione tra tutte e tre. Si tratta dunque di una sorta di piramide a base triangolare, in cui ogni faccia confina con le altre due e risulta essenziale per deter-minare lo spazio compreso nella "competenza comunicativa".

La metafora della piramide è utile da un lato perché evidenzia l'interdipendenza tra le varie dimensioni (allargare o restringere una faccia della piramide significa deformare, stiracchiare, creare grinze nell'intero costrutto dell'educazione linguistica), dall'altro perché porta a tenere in considerazione una quarta faccia, cioè la base, che rappresenta il contesto scolastico: dal livello in cui è collocata la base dipendono l'ampiezza e il volume dei contenuti dell'insegnamento dell'italiano.

La competenza comunicativa è una delle mete glottodidattiche. Si vedrà nel paragrafo seguente la seconda meta specifica dell'educazione linguistica: lo sviluppo della competenza matetica.

4. L'obiettivo glottomatetico: imparare ad imparare le lingue

Una delle tendenze internazionali degli anni Novanta è l'accentuazione della *competenza glottomatetica* o, come spesso la si chiama, del *learning to learn*, dell'*autonomia dell'allievo*.

In realtà tale dimensione è ben presente in Italia fin dagli anni Settanta; la competenza matetica è infatti una componente essenziale di quella "autorealizzazione" di cui parla Freddi (1970 e 1979) nonché di quel "modello olodinamico" che Renzo Titone ha proposto fin dal 1973 (cfr. una ventennale bibliografia su tale modello in Titone 1993).

Si tratta di indicazioni teoriche preziose, che abbisognano di un approfondimento operativo: *come* sviluppare la competenza matetica? Abbiamo tentato nel 1991 e 1994 una risposta organica; qui ci limiteremo a mettere in evidenza che essa si basa su due processi: quello di *induzione* e quello di *riflessione*.

a. L'induzione

Per induzione si intende una serie di processi di matrice chomskiana: saper indurre significa apprendere a:

— *osservare* la lingua con cui si entra in contatto; sulla base dell'osservazione si possono

— *formulare* delle ipotesi, azzardare delle generalizzazioni sulla struttura linguistico-comunicativa dell'italiano; si devono poi

— *verificare* tali ipotesi nella realtà quotidiana (italiano come lingua seconda) o attraverso altri testi o conferme da parte dell'insegnante (italiano come lingua straniera). Il passo successivo è quello di

— *valutare* se la nuova 'regola' intuita, ipotizzata e verificata è di tale portata generatrice che valga la pena di

— *fissarla*, trasformandola in un processo automatico.

Il processo induttivo è per sua natura implicito, basato sull'opera autonoma del *Language Acquisition Device,* per quanto guidato da quello che Bruner chiama LASS, *Language Acquisition Support System.* Alla base della competenza glottomatetica, tuttavia, sta proprio la consapevolezza delle varie fasi del processo di induzione, cioè la riflessione sulla lingua.

b. *Riflessione sulla lingua*

Il concetto di "riflessione sulla lingua" si caratterizza per:

— *il soggetto:* l'insegnamento tradizionale ha come soggetto l'insegnante, mentre la riflessione sulla lingua è condotta dall'allievo sotto la guida dell'insegnante; obiettivo primario è dunque quello di insegnare all'allievo a riflettere autonomamente sulla lingua;

— *l'oggetto:* la riflessione sulla lingua riguarda le regole intese come meccanismi di funzionamento, non come norme da applicare;

— *il momento:* la riflessione sulla lingua, per quanto introdotta lungo il percorso di un'unità didattica, costituisce sempre e comunque un punto di arrivo: si riflette su quanto è stato intuito, verificato, fissato e reimpiegato in precedenza;

— *il modo:* se lo scopo formativo della riflessione è "imparare ad imparare" le lingue, allora la riflessione si attua su uno *schema aperto,* predisposto per guidare la riflessione e per contenere i suoi risultati, ben diverso dallo schema pieno e concluso fornito dall'insegnante o dal libro tradizionale.

Questa impostazione rimanda alla *inventional grammar* (da *invenire,* "trovare" in latino) di Otto Jespersen. Scoprire, trovare, "inventare", sono attività motivanti in quanto rappresentano un piacere primario degli esseri umani, insieme al dare forma, al sistematizzare le proprie scoperte, al collocarle in uno schema che ci permetta di farle proprie (approfondimenti in Giunchi 1990, Ciliberti 1991, Marello-Mondelli 1991).

Accanto a queste attività di maturazione glottomatetica —ottenuta portando alla consapevolezza i meccanismi d'acquisizione linguistica— si può avere anche una esplicita *riflessione sul proprio apprendere.*

5. Conclusione

Qualunque lingua, insegnata secondo un approccio comunicativo-formativo, diviene per lo studente un'esperienza intellettuale di prim'ordine — esperienza da continuare ed approfondire qualunque sia stata la ragione per cui uno ha iniziato lo studio: ricupero delle proprie radici, obbligo nella scuola del sabato, un corso tra i tanti da seguire all'università, interesse nel film di Amelio, Avati, Salvatores e Tornatore, amore per un/una ragazzo/a italo-canadese...

Se l'insegnamento è solo comunicativo, dopo qualche mese le basi di una comunicazione efficace, per quanto scorretta, sono acquisite: per cui si smette. L'insegnamento dell'italiano lascia poche, fugaci tracce.

Se l'insegnamento è solo formalistico, grammaticale, dopo un poco lo studente si chiede che senso abbia nel suo progetto di vita spendere tempo sul trapassato remoto del verbo "transigere", anziché sulle complesse aperture degli scacchisti sovietici o sulla musica *New Age*. L'insegnamento dell'italiano è sterile, se è ridotto a 'giurisprudenza' del linguaggio, per usare le parole di Jakobson che di lingue se ne intendeva.

Se l'insegnamento è comunicativo e formativo insieme, è un'esperienza completa in sé, valida in sé, aiuta la crescita delle persone, le rende piú intelligenti e disponibili ad apprendere.

E l'insegnamento dell'italiano avrà avuto un senso — ed un seguito.

Università di Siena
Università di Venezia

Riferimenti bibliografici

Balboni, P. E. (1991), *Tecniche didattiche e processi di apprendimento linguistico*, Torino, UTET-Liviana.

____. (1994), *Didattica dell'italiano a stranieri*, Roma, Bonacci.

Bruner, J. S. (1983 [1987]), *Child's Talk. Learning to Use Language* (with the assistance of R. Watson), New York, Norton & Co. Ltd.

Ciliberti, A. (1991), *Grammatica, pedagogia, discorso*, Firenze, La Nuova Italia.

Danesi, M. (1986), *Teaching Heritage Languages to Students with Dialect Background*, Toronto, OISE Press.

____. (1988), *Neurolinguistica e glottodidattica*, Torino, Liviana-Petrini.

Dubin, F. e Olshtain, E. (1986), *Course Design, Developing Programs and Materials for Language Learning*, Cambridge, CUP.

Freddi, G. (1970), *Metodologia didattica delle lingue straniere*, Bergamo, Minerva Italica.

____. (1979), *Didattica delle lingue moderne*, Bergamo, Minerva Italica.

Giunchi, P. (1990), (cur.) *Grammatica esplicita e grammatica implicita*, Bologna, Zanichelli.

Hutchinson, T. e Waters, A. (1987), English for *Specific Purposes. A Learning-Centred Approach*, Cambridge, CUP.

Johnson, R. K. (1989), (cur.), *The Second Language Curriculum*, Cambridge, CUP.

Marello, C. e Mondelli, G. (1991), *Riflettere sulla lingua*, Firenze, La Nuova Italia.

Titone, R. (1973), "The Psycholinguistic Definition of the 'Glossodynamic Model' of Language Behaviour and Language Learning", *Rassegna Italiana di Linguistica Appicata* 3.

____. (1993), *Avamposti della glottodidattica contemporanea*, Perugia, C.I.L.A., Guerra.

Cervello, memoria, e didattica: osservazioni neurolinguistiche sull'insegnamento delle lingue seconde in contesti formali

Marcel Danesi

Introduzione

Ogni persona si modifica vivendo e imparando. Ciò significa che ogni situazione nuova, diversa dalla precedente, sollecita la formazione di nuove modalità di risposta all'ambiente e di nuove abilità di modificazione in risposta all'input ambientale. Grazie alla ricerca sperimentale in glottodidattica e in linguistica applicata, siamo oggi piú in grado di capire come l'apprendimento si sviluppa e si organizza nell'individuo. La capacità di ritenere informazioni, associazioni, ecc. su una base a lungo termine è il nucleo propulsore del processo di apprendimento delle lingue. Per la didattica delle lingue, quindi, le implicazioni derivanti dalle ricerche sul cervello, sulla memoria, e sugli altri aspetti biologici e psicologici dell'apprendimento sono di particolare importanza, visto che i compiti apprenditivi comuni (l'apprendimento di nuove voci del vocabolario, di nuove informazioni sintattiche, ecc.) si dovranno eseguire secondo certe tendenze del cervello. Di particolare interesse per la didattica delle lingue seconde in contesti formali, come ad esempio l'insegnamento della lingua italiana nelle scuole primarie e secondarie in Canada, sono le ricerche sistematiche sull'organizzazione della memoria nel cervello, le quali risalgono agli studi sperimentali di Karl Lashley (v., ad es., Lashley e Franz 1917). Con il termine *memoria* ci si riferisce proprio alla capacità di conservare la traccia delle modificazioni cioè la *traccia mnestica*. Malgrado questo fenomeno conoscitivo sia stato al centro di numerose teorie di filosofi, biologi, e grandi pensatori, le ricerche empiriche sulle varie dimensioni della memoria —sul richiamo, sul riconoscimento, e cosí via— non risalgono che agli ultimi anni del secolo scorso, quando lo psicologo Hermann Ebbinghaus mise a punto, nel 1885, diverse tecniche per l'apprendimento, come quella di una serie di liste composte dallo stesso numero di "sillabe senza significato" (v. Ebbinghaus 1913). Dalle sue ricerche, Ebbinghaus riuscì a dimostrare che il richiamo umano sembrava dipendere da una *curva di ritenzione*, secondo la quale l'efficacia del richiamo decresce rapidamente col passare di un determinato periodo di tempo: cioè l'oblio sembra essere maggiore quanto piú lungo è l'intervallo che trascorre tra l'apprendimento e il riapprendimento di una breve lista di sillabe.

Lo scopo del presente lavoro è proprio quello di considerare il problema di come meglio stimolare i processi di memoria nell'apprendimento dell'italiano come lingua seconda in contesti formali. All'età di tre anni il bambino dimostra una capacità incredibile di richiamare e di riconoscere l'input linguistico a cui è esposto, senza che nessuno gli abbia insegnato a parlare. Sin dal metodo diretto, proposto alla fine del secolo scorso, il quesito al quale gli insegnanti di lingua hanno cercato di rispondere è quasi sempre stato connesso con tale osservazione: sono ricreabili in un'aula di lingua le condizioni ottimali per attivare il "sistema apprenditivo innato" del discente, in modo che potrà "acquisire" una nuova lingua in tempi brevi e con minimo sforzo mentale, proprio come fa il bambino? La visione offerta in questo breve intervento vuole gettare una luce costruttiva su questa questione. Essa deriva la sua particolare prospettiva dalle ricerche in neurolinguistica (Danesi 1988). In questo lavoro il termine *lingua seconda* (L2) sarà considerato equivalente a *lingua straniera;* e il termine *didattica delle lingue* sarà usato esclusivamente in riferimento all'insegnamento della L2 in contesti scolastico-formali. È inutile dire che non è possibile affrontare in questa sede tutti gli argomenti che la visione neurolinguistica permette di intrattenere.

Memoria e apprendimento linguistico

Sebbene le operazioni della memoria rimangano per di piú misteriose, oggi esistono dei "dati di fatto" che ci permettono di costruire una teoria della memoria che è, per lo meno, "utile" per lo svolgimento di attività pratiche come la didattica delle lingue. Oggi si sa che la memoria non è un fenomeno statico, una "scatola" di piccole unità di richiamo o di riconoscimento codificate in cellule che sono localizzate in un'area specifica del cervello. Il fenomeno della memoria coinvolge tutte le facoltà mentali in una costante interazione dinamica.

Nel dominio dell'apprendimento verbale, sembra ormai un dato di fatto che la memoria segue diversi stadi o percorsi in risposta all'input verbale. Prima di tutto, c'è uno stadio *sensoriale* durante il quale le informazioni verbali vengono generalmente a perdersi nello spazio di pochi secondi, a meno che il contenuto informazionale non catturi l'attenzione del discente, nel qual caso le informazioni sono trasformate in una forma piú stabile e trasmesse a un secondo stadio, la *memoria a breve termine*. È in questo secondo stadio, come dimostrò nel 1956 George Miller, che le informazioni vengono conservate in "pezzetti" *(chunks)* a noi familiari: le lettere si ricordano piú facilmente delle forme prive di senso, le parole piú facilmente degli anagrammi, ecc. Secondo Miller, il numero massimo di *chunks* che possiamo immagazzinare nella nostra memoria a breve termine è in media sette, minimo cinque, massimo nove. Se le informazioni verbali nella memoria a breve termine sono poi codificate o organizzate cognitivamente, allora vengono trasferite, nel terzo stadio, alla *memoria a lungo termine*. Una volta qui, esse vi rimangono per un tempo indefinito.

Quindi, il quesito fondamentale per la didattica è come "programmare" il cervello del discente, per cosí dire, in modo che riesca, con minimo sforzo, ad immagazzinare il nuovo input nella memoria a lungo termine. Ovviamente, si tratta di una modalità di insegnamento che si dovrà sincronizzare con il *flow* della memoria: e cioè l'input da apprendere dovrà essere organizzato in *chunks* e presentato in maniera tale che riesca ad attivare prima i sensi del discente, portandolo, in un secondo tempo, alla codificazione dei concetti verbali contenuti in esso. Come la percezione da sensoriale (globale e confusa) diventa analitica e sintetica (i particolari e l'insieme), cosí la memoria si organizza partendo da cose concrete, giungendo ad uno stato di controllo analitico e razionale.

Le ricerche in neuroscienza mostrano che l'intera rete neuronale-sinaptica è coinvolta nella formazione della memoria in tutte le sue modalità (memoria semantica, memoria episodica, ecc.). Quando ricordiamo qualcosa —per esempio, se ci sediamo al pianoforte e impariamo a suonare un pezzo che prima non sapevamo— sembra che gli impulsi nervosi abbiano preso delle strade nella rete neuronale-sinaptica che prima non avevano percorso. L'esempio classico che evidenzia questa ipotesi è la famosa associazione del cane di Pavlov tra la presentazione della carne e il suono di un campanello (Pavlov 1902). Il fatto che, dopo un numero di ripetizioni, bastasse il suono del campanello per provocare la salivazione nel cane vuol dire che si era stabilito un collegamento tra il sistema uditivo e i neuroni che controllano le ghiandole salivari. Esperimenti di questo tipo implicano che gli impulsi nervosi diventano in grado di percorrere un sentiero che non avevano mai percorso prima in base ad associazioni di stimoli. Questo implica un'attivazione di connessioni che già esistevano in combinazioni e tracciati pressoché infiniti. Dopo queste modificazioni il cervello non sarà piú esattamente lo stesso. Le cellule cerebrali, perciò, dopo un apprendimento, reagiscono diversamente. In altre parole, il cervello sembra pronto ad essere messo in forma dal tipo di informazione che riceve (per ricerche recenti in proposito, v., ad es., Rosenfield 1988, Damasio e Damasio 1993, Gold-man-Rakic 1993).

Memoria e apprendimento della L2 in contesti formali

La prospettiva neurolinguistica di chi scrive si muove nell'ottica delle teorie glottodidattiche di Renzo Titone e Giovanni Freddi (v., in modo particolare, Titone 1986, 1992, 1993, Freddi 1990a, 1990b, 1993). Benché esse non propongano qualcosa di radicale dal punto di vista didattico-operativo, in quanto si muovono entro le coordinate della metodologia tradizionale, e in quanto non propongono che un'integrazione di orientamenti induttivi, deduttivi, funzionali, e affettivi all'interno dell'unità didattica, sembrano essere particolarmente "moderne" nella loro apparente adattabilità alle fasi della memoria (sensorialità, *chunking*, e codificazione). Il modello olodinamico di Titone e la nozione dell'unità didattica di Freddi non propongono di abbandonare le tecniche dei metodi e degli approcci che si sono rivelate efficaci nell'attivare i processi della memoria, ma addirittura di selezionarle e di integrarle organicamente secondo principi che, nell'opinione di chi scrive, hanno una base neurofunzionale.

L'interesse da parte di chi scrive per la neuroscienza è scaturito nel 1986 in seguito ad una serie di incontri con neuropsichiatri operanti in Italia. Quell'anno ci ponemmo insieme il problema di come aiutare il bambino portatore di handicap ad imparare meglio a parlare mediante tecniche distillate da considerazioni neurofunzionali dell'apprendimento. I progetti di lavoro che susseguirono a questi incontri fortuiti portarono alla formulazione della nozione di *bimodalità*, la quale, a sua volta, è stata, sin dal 1988, considerata alla luce delle implicazioni che essa ha potenzialmente per la didattica delle lingue in contesti d'insegnamento normali (v., ad es., Danesi e Mollica 1988, Lombardo 1988, Van de Craen 1990, Salvi 1990, Nuessel e Cicogna 1992, Pallotta 1993, Diadori 1994, Schenone 1994). È, però, da far presente che quando fu proposto il termine *bimodalità* nel 1986, chi scrive non era consapevole del fatto che tale parola era già in uso in neuroscienza come sinonimo per *complementarità emisferica* (ad es., Bogen, DeZure, Tenhouten, e Marsh 1972, Dunn 1985); tale convenzione terminologica tutt'oggi continua ininterrotta nella letteratura scientifica (ad es., Ressler 1991).

È anche da menzionare in questa sede che il campo della neuroscienza è stato strumentale nell'ispirare tre metodi didattici negli anni Settanta e Ottanta: la *totale reazione fisica* di Asher (1977, 1981), la *suggestopedia* di Lozanov (1979), e l'*approccio naturale* di Krashen e Terrell (1983), metodi emersi subito dopo le constatazioni significative del linguista americano Eric Lenneberg, il quale fece notare nel 1967 che la localizzazione del linguaggio nell'emisfero sinistro nelle aree che corrispondono a quelle di Broca, di Wernicke e ad altre aree coinvolgenti certi sistemi neuronali, era soggetta ad un processo bio-cronologico fisso, cioè a un "periodo critico" che giungeva a termine verso l'età della pubertà (v. Scovel 1988 per una critica recente al concetto di periodo critico).

Le ricerche sul cervello dagli anni Cinquanta ad oggi hanno permesso di formulare, per cosí dire, una "legge neurofunzionale", secondo cui si può essere abbastanza certi nel pensare che i due emisferi sono componenti complementari della cognizione intesa in senso globale e che, quindi, il cervello, nel complesso delle sue facoltà, funziona come un tutto unitario. In precedenza, chi scrive ha voluto per convenienza terminologica adottare gli acronimi proposti da Edwards (1979) —L-Mode *(left-mode)* e R-Mode *(right-mode)* — allo scopo di designare rispettivamente le modalità di pensiero associate alle funzioni dell'emisfero sinistro e a quelle dell'emisfero destro; queste sono state poi "italianizzate" (in Danesi 1988) con le sigle M/SN (= il complesso di modalità psichiche associate all'emisfero sinistro, quali il linguaggio letterale, il pensiero analitico, ecc.) e M/DS (= il complesso di modalità psichiche associate all'emisfero destro, quali il linguaggio metaforico, il pensiero sintetico, ecc.). Le funzioni dell'M/SN e dell'M/DS sono responsabili di fenomeni conoscitivi complementari che mettono in evidenza il fatto che i due emisferi hanno funzioni simmetrico-cooperative, e che, quindi, nel caso dell'elaborazione di comportamenti cognitivi complessi, come il linguaggio figurato e connotativo, la lettura di testi verbali e non verbali, il *problem-solving* in matematica, la programmazione del discorso, ecc., operano *in tandem* nell'atto interpretativo e elaborativo degli stimoli e dell'informazione.

Per quel che riguarda i processi della memoria nell'apprendimento di una L$_2$, la visione bimodale consente di confezionare un qualsiasi paradigma di istruzione in modo che rifletta il *flow* mnemonico: essa, cioè, consente di capire che sia lo stadio di sensorialità che quello del *chunking* esigeranno strategie didattiche attivanti le funzioni dell'M/DS, mentre quello della codificazione verbale esigerà strategie didattiche attivanti le funzioni dell'M/SN:

Input	⇒	Stadio sensoriale (attività didattiche associate all'M/DS)	⇒	Memoria a breve termine (attività didattiche associate all'M/DS)	⇒	Memoria a lungo termine (attività didattiche associate all'M/SN)

Lo studio del cervello è stato reso molto piú scientifico da quando il dottor Frank Duffy della Harvard Medical School, col contributo dell'italiano Giulio Santini, ha inventato alcuni anni fa un apparecchio, nella forma di una specie di casco pieno di elettrodi, che, posto sulla testa di un volontario, tramite immagini proiettate su uno schermo televisivo a colori, permette una visione chiara dell'attività dinamica del cervello (Angela 1983: 128-141). Quest'innovazione tecnologica, chiamata *tomografia assiale computerizzata*, fornisce una ricostruzione tridimensionale ad alta definizione delle varie parti del cervello. Essa ha permesso di "vedere", per cosí dire, l'attività mentale nel momento stesso in cui avviene. Per esempio, se viene inviato uno stimolo visivo si vedrà entrare in funzione prima la parte posteriore del cervello, cioè la corteccia visiva, e poi via via tutto il resto del cervello. D'altro canto se si fa ascoltare al soggetto una musica si vede una notevole attività nel lobo temporale destro. Se si racconta una storia è invece il lobo temporale sinistro ad attivarsi, e cosí via. Le ricerche con questo apparecchio hanno permesso di verificare la teoria della complementarità emisferica e, quindi, corroborano la bimodalità come visione generale dell'apprendimento (v. in proposito Schenone 1994).

Il linguaggio, secondo le immagini ricavabili dalla tomografia assiale computerizzata, non si presenta come un fenomeno da attribuire unicamente alle aree di Broca, di Wernicke e di altre nell'emisfero sinistro; esso implica evidentemente sia l'intervento funzionale dell'emisfero sinistro che quello dell'emisfero destro per la percezione e la produzione di alcuni messaggi uditivi, come la discriminazione delle qualità e delle caratteristiche di tonalità (Kimura 1986, Mayeux e Keel 1988). Richiede anche, per la sua programmazione globale, la partecipazione delle strutture sottocorticali, cui fanno capo i comportamenti affettivi e finanche la respirazione, dal momento che per parlare occorre saper regolare tale funzione e che ogni lingua richiede ritmi specifici di respirazione che si apprendono con processi diversi da quelli razionali o intellettivi (Delmas 1971, Kupferman 1988). Mentre l'emisfero sinistro è quello responsabile della fonologia, della morfologia, della sintassi, delle relazioni formali tra le parti di una frase, del significato letterale e delle varianti linguistiche, quello destro controlla il tono, l'espressione emotiva, il significato metaforico, l'umorismo verbale, e altre modalità contenutistiche del linguaggio. L'emisfero sinistro opera sugli *items* discreti, intervenendo cioè sul trattamento delle singole informazioni in arrivo e sulle loro relazioni formali, mentre quello destro li interpreta e li colloca insieme in modo sintetico.

L'emisfero sinistro, perciò, consente alla mente di interpretare e di programmare i "testi" linguistici, mentre quello destro permette di comprendere e di programmare nel messaggio i "contesti" espressivi.

Johnson-Weiner (1984: 465) dice approssimativamente la stessa cosa, osservando che l'importanza del ruolo che ciascun emisfero svolge in ogni dato linguistico dipende dall'ampiezza richiesta dal suo particolare tipo d'intervento cognitivo, determinata da fattori quali la natura del compito, il contesto entro cui è eseguito e le modalità cognitive individuali.

Le ricerche sul ruolo dell'emisfero destro nella programmazione del discorso (v., ad es., Chiarello 1988, Joanette, Goulet e Hannequin 1990) hanno ispirato diverse teorie dell'apprendimento della L$_2$ e diversi modelli d'istruzione derivati dalle loro implicazioni. Galloway e Krashen (1980), tra altri, hanno proposto l'ipotesi degli stadi secondo la quale le funzioni dell'M/DS dominerebbero il processo di apprendimento durante i primi stadi dell'acquisizione, dopodiché quelle dell'M/SN verrebbero ad assumere progressivamente piú importanza, specialmente negli stadi avanzati. È per questo motivo che Krashen ha sempre sottolineato la necessità di differenziare tra *acquisizione* (un processo spontaneo e inconscio controllato dalle funzioni dell'M/DS) e *apprendimento* (un processo conscio e volontario controllato dalle funzioni dell'M/SN), cioè tra lo sviluppo dell'abilità di usare il linguaggio come codice espressivo e lo sviluppo dell'abilità di controllare i suoi sotto-sistemi formali (la fonologia, la sintassi, ecc.). Secondo Krashen, l'acquisizione in aula segue un ordine naturale indipendentemente dall'ordine seguito per l'insegnamento; l'apprendimento, d'altro canto, serve solo da *monitor*, cioè da riflessione, mentre la produzione linguistica è collegata a quanto è stato acquisito inconsciamente.

La bimodalità sostiene che l'acquisizione della L$_2$ coinvolge sia le funzioni dell'M/DS che le funzioni dell'M/SN isolatamente o in complementarità a seconda del compito apprenditivo che il cervello deve svolgere. Quindi, è compatibile con il modello degli stadi mnemonici in quanto assegna un ruolo determinante alle funzioni dell'M/DS, ma solo laddove gli schemi appositi della lingua nativa del discente non sono sufficienti per la decifrazione dei nuovi stimoli verbali; ma, a differenza di tale ipotesi, considera le funzioni dell'M/SN cruciali per la percezione del messaggio verbale nelle sue particolarità formali. La bimodalità implica, perciò, che il sistema apprenditivo naturale del cervello integra e applica le modalità di pensiero analitico (l'M/SN) e di pensiero sintetico (l'M/DS) secondo le necessità. Questo suggerisce, in termini mnemonici, che l'apprendimento del discente procede meglio "dall'emisfero destro a quello sinistro", cioè dalle modalità contestualizzanti e sensoriali associate all'emisfero destro a quelle piú formali e analitiche che sono localizzate in quello sinistro. Durante le prime fasi dell'insegnamento, bisognerà presentare il materiale in modo contestualizzato, sensoriale e ricco di connotazioni "personologiche". Dopo questo periodo cruciale, l'insegnante potrà formalizzare il materiale acquisito sinteticamente con esercitazioni piú formali. In questo modo saranno attivati i due emisferi in maniera complementare per il raggiungimento dello stadio della memoria a lungo termine.

L'aspetto piú significativo per quanto riguarda l'acquisizione della L_2 che emerge dalla visione bimodale è, perciò, quello della "direzionalità" dell'apprendimento. Ciò implica che le funzioni dell'M/DS sono antecedenti a quelle dell'M/SN, quando lo stimolo o il compito da apprendere è cognitivamente "nuovo". Come hanno suggerito Goldberg e Costa (1981), la direzionalità dell'apprendimento avrebbe una base anatomica: l'emisfero destro ha una struttura idonea per nuovi stimoli grazie alla commessura interregionale che permette di decifrare tali stimoli in maniera efficiente; l'emisfero sinistro, d'altra parte, ha una struttura neuronale sequenziale, e quindi trova difficile decifrare l'informazione per cui non sono disponibili codici e programmi preesistenti. Insomma, l'emisfero destro ha una struttura anatomica che gli permette di trattare l'informazione nuova; e l'emisfero sinistro è strutturato in modo tale da assumere la nuova informazione non appena è stato decifrato il sistema appropriato che essa forma.

Quindi, si può dire che l'acquisizione di nuovi stimoli linguistici ha la sua origine neurologica nell'emisfero destro dove sono elaborati quanto al loro *contenuto*; poi essi vengono trasferiti all'emisfero sinistro dove sono configurati in base alla loro *forma*, cioè dove vengono assegnati alle loro appropriate categorie fonetiche, sintattiche, lessicali, ecc. La direzionalità in senso stretto (intesa come processo apprenditivo che si muove dalle funzioni dell'M/DS per giungere gradualmente a quelle dell'M/SN) è operativa principalmente quando il compito apprenditivo è sconosciuto.

Quasi un decennio fa, quando la visione bimodale fu proposta, emersero subito delle idee interessanti presentate da vari insegnanti, in Italia e in America, circa la sua applicabilità all'insegnamento della L_2 in classe e alla preparazione di materiali didattici. Tuttavia, chi scrive si rese subito conto che era anzitutto necessario sottoporre tale visione alla ricerca empirica.

Quindi, in uno studio pilota, lo scrivente assieme ad un collega canadese (Danesi e Mollica 1988), condusse un esperimento per determinare se un sistema d'istruzione disegnato secondo criteri bimodali comportasse un profitto per lo studente adolescente di lingua straniera. Un gruppo di studenti di scuola superiore fu esposto, per la durata di un'intera annata scolastica, ad un tipo d'insegnamento concettualizzato in modo bimodale: per es., i compiti considerati "nuovi" venivano impartiti tramite una metodologia che rifletteva il principio della direzionalità (cioè un *learning flow* che partiva dalle abilità contestualizzanti e sintetiche dell'M/DS per giungere poi a quelle logico-organizzative dell'M/SN); altri compiti, invece, venivano impartiti tenendo sempre conto dei contesti in cui essi avessero una loro collocazione. L'insegnamento bimodale esige, ovviamente, una partecipazione decisiva da parte del docente, il quale non potrà semplicemente confezionare il suo metodo secondo testi o manuali, ma in base alle necessità di compiti apprenditivi reali, utilizzando i manuali didattici selettivamente e in modo integrato. In questo senso, costituisce un sistema d'istruzione meno rigido e formalizzato di altre visioni metodologiche, e perciò sembra risultare meno "artificiale".

Senza scendere qui nei dettagli dello studio di Danesi e Mollica, basta dire che ogni lezione, o unità didattica, doveva cominciare con l'insegnamento o con la presentazione delle forme da apprendere in contesti significativi. Quindi, una nuova forma o categoria linguistica veniva presentata in contesti semantici realistici (attraverso dialoghi, simulazioni, giochi, ecc.) o attraverso stimoli altamente sensoriali (visivi, uditivi, ecc.). L'idea era di attivare l'apparato sensoriale del discente affinché potesse filtrare e integrare l'informazione nuova in modo sintetico (= funzioni dell'M/DS). Dopo questa fase in "incubazione" iniziale, l'insegnante doveva cercare tecniche che riflettevano le funzioni associate all'M/SN, affinché, in teoria, l'emisfero sinistro potesse poi assegnare la nuova informazione a schemi cognitivi esistenti o crearne dei nuovi. Dal punto di vista didattico questo implicava l'uso di tecniche strutturali (la ripetizione, la riflessione grammaticale, la lettura critica di testi, lo scrivere, ecc.). L'obiettivo neurologico era, ovviamente, di permettere all'emisfero sinistro la possibilità di rendere "stabile" l'input acquisito attraverso il filtro sintetico dell'M/DS. L'ipotesi di lavoro era che un insegnamento di questo tipo consentiva di ottenere il massimo delle informazioni in arrivo con il più piccolo sforzo nel minimo tempo.

Presero parte allo studio due gruppi di controllo. Uno di questi era stato esposto ad un tipo di insegnamento che privilegiava le attività sintetiche dell'M/DS. Si trattava di un approccio per cui l'insegnante doveva solo esporre gli studenti alla nuova informazione in modo sintetico e contestualizzante, senza giungere però ad una formalizzazione didattica di questa informazione. Il secondo gruppo, invece, era stato esposto ad un tipo di insegnamento che privilegiava le attività analitiche dell'M/SN. Si trattava di un approccio imperniato sull'uso di tecniche tradizionali quali la grammatica, la traduzione, l'esercitazione meccanica delle forme, ecc.

Alla fine dell'anno il gruppo bimodale e i due gruppi di controllo furono sottoposti ad una batteria di test linguistici e comunicativi. Il gruppo bimodale mostrò abilità linguistiche, espressive, e soprattutto di memoria semantica, statisticamente superiori a quelle dei due gruppi di controllo, confermando perciò l'ipotesi di lavoro. Un risultato abbastanza importante per la didattica delle lingue che emerse dallo studio riguarda il ruolo dell'istruzione grammaticale. La polemica circa l'uso della grammatica risulta da un equivoco tra teorie grammaticali e uso grammaticale della L_2. È chiaro che se per "grammatica" si intendesse un elenco di definizioni superimposte allo studio della lingua, la condanna della grammatica sarebbe perfettamente giustificata. Se invece intendiamo per "grammatica" la stimolazione alla riflessione sulla lingua che si usa, allora questa attività di pensiero ben difficilmente potrà essere sottovalutata. Nell'insegnamento di tipo bimodale, la grammatica è vista come strumento didattico per la formalizzazione dei concetti acquisiti in modo sintetico-sensoriale e contestualizzati in precedenza, strumento che, quando sincronizzato al livello intellettivo dell'allievo, stimola operazioni metacognitive come l'osservazione, il riconoscimento di analogie e di differenze, la generalizzazione e l'astrazione concettuale. La grammatica è un punto di arrivo, non un punto di partenza nella visione bimodale.

Nel 1991, allo scopo di accertare se la ricerca di Danesi e Mollica fosse giustificabile dal punto di vista prettamente neurologico, chi scrive adoperò il metodo LEM *(Lateral Eye Movement)* per determinare se le tecniche miranti ad attivare l'M/DS usate durante le prime fasi di apprendimento fossero veramente in grado di coinvolgere l'emisfero destro, e se quelle associate all'M/SN, e usate durante le fasi avanzate, fossero veramente in grado di attivare le funzioni dell'emisfero sinistro. In tal modo fu possibile constatare che una tecnica definita come "appartenente all'M/SN" portava, nella maggior parte degli studenti, al movimento a destra degli occhi, indicante, perciò, un eventuale coinvolgimento dell'emisfero sinistro, e che una tecnica definita come "appartenente all'M/DS" portava, invece, al movimento a sinistra, indicante, quindi, la probabile attivazione dell'emisfero destro.

Ovviamente, i risultati di questi due studi dovranno essere sottoposti ad ulteriori conferme. Ciò nonostante, come primi risultati empirici, hanno rivelato che non era del tutto inaccettabile parlare di "insegnamento bimodale", poiché sembra che specifiche tecniche didattiche siano veramente capaci di attivare specifiche aree del cervello. Essi hanno rilevato, per di piú, che è possibile creare condizioni d'apprendimento che sono capaci di attivare l'intero cervello e che queste portano ad un profitto maggiore nell'apprendimento. Recentemente Schenone (1994) ha sottoposto i presupposti teorici della bimodalità a ulteriori sperimentazioni empiriche con risultati tendenti a confermarli.

Il bisogno di verificare empiricamente una qualsiasi teoria didattica basata sulle ricerche in domini scientifici come la neuroscienza è reso particolarmente essenziale dalle tendenze popolarizzanti in questo settore. Sono molti, infatti, gli opportunisti che proclamano quotidianamente delle panacee educative distillate dalle ricerche in neuroscienza (Gardner 1982: 266-267). Quindi, se la visione bimodale dovrà essere utile alla glottodidattica, sarà necessario sottoporla continuamente alla ricerca e alla sperimentazione.

Implicazioni didattiche

Come abbiamo detto sopra, dal punto di vista delle sue implicazioni didattiche, la visione bimodale è anzitutto evoluzionistica in quanto rispetta le esperienze pratiche derivanti dai metodi e dagli approcci. Per l'attivazione dei vari stadi della memoria —sensorialità, *chunking*, e codificazione— la bimodalità suggerisce di procedere, nel caso di un input linguistico che è completamente "nuovo", attivando prima le funzioni dell'M/DS per poi poter mettere in operazione quelle dell'M/SN; suggerisce, quindi, di partire da attività didattiche che coinvolgono l'espressione verbale nella sua globalità in modo da poter arrivare ad una fase riflessiva durante la quale sarà possibile controllare gli aspetti relativi al codice formalizzante ed organizzativo. Ovviamente, quando il compito da apprendere è compatibile con quello che il discente già sa, la direzionalità non opera piú in questo modo; si tratterà, invece, di una continua interazione emisferica, ovvero di una bidirezionalità costante. In tali casi, la didattica dovrà tener conto di questo fatto cercando sempre di non ignorare i "contesti d'uso" delle forme che dovranno essere apprese, anche se queste non sono del tutto "nuove" in senso neurologico.

Le fasi iniziali associate all'M/DS implicano che la situazione in cui avviene l'apprendimento dovrà necessariamente assicurare la gratificazione immediata e creare contesti d'apprendimento basati su esperienze vissute. In altre parole, le aree di apprendimento devono essere vicine il piú possibile al mondo emotivo del discente, attivando il concetto di sé, stimolando alla ricerca ambientale, e cosí via. Soprattutto, sarà essenziale creare un ambiente cordiale e simpatico nel quale il discente può e deve sentirsi a suo agio. Questo gli permetterà di esprimere le proprie emozioni e la propria identità mediante il linguaggio.

A questo punto è necessario rilevare che ci sono sempre dei rischi quando vengono costruiti modelli educativi in base a considerazioni neurofunzionali. Le teorie neuroscientifiche recenti (per es., Rumelhart e McClelland 1986) suggeriscono che esiste una distribuzione delle funzioni e delle attività cerebrali molto piú bilaterale di quanto si pensasse in precedenza, e che, come sosteneva già il Lurija nel 1947, il cervello è la condizione necessaria per esprimere il funzionamento mentale, ma non è una condizione sufficiente. E infatti lo sviluppo delle funzioni psichiche superiori è una conseguenza o il prodotto dell'organizzazione anatomica delle strutture cerebrali conseguente all'interazione delle attività del cervello e dell'ambiente. Tuttavia, l'uso di categorie come "M/SN" e "M/DS" permette all'insegnante di proporre un discorso didattico coerente e, perciò, di fornire una prima stesura di principi utili, tratti da questo discorso, allo scopo di formulare una teoria didattica pratica.

Detto questo *caveat emptor*, ci permettiamo di considerare alcune delle implicazioni didattiche generali che la bimodalità propone, le quali si possono riassumere per la convenienza nel modo seguente:

Durante una fase coinvolgente l'M/DS = stadio della sensorialità e stadio del chunking

- Le attività in classe devono essere centrate sull'allievo.

- Il materiale nuovo deve essere presentato in modo attivo attraverso dialoghi, simulazioni, giochi, ecc.

- Agli studenti si dovrà permettere di esplorare intuitivamente il materiale da apprendere e poi, tramite induzione, scoprire le sue componenti verbali e concettuali.

- È essenziale la partecipazione interattiva di tutti i membri della classe.

Durante una fase coinvolgente l'M/SN = stadio della codificazione

- Le attività in classe devono essere guidate dall'insegnante.

- Il nuovo materiale deve essere analizzato in modo descrittivo.

- Ci sarà bisogno, di tanto in tanto, di ripetere, di ripassare, ecc. certe nozioni in vista della difficoltà che esse provocano.

- Lo studente avrà bisogno di fare "pratica meccanica".

Durante una fase intermodale, coinvolgente sia l'M/DS che l'M/SN

- Gli studenti dovranno applicare quello che hanno appreso allo svolgimento di compiti nuovi e/o di rinforzo.

- Sarà necessario coinvolgere gli studenti in compiti interattivi (*role-playing*, simulazioni, ecc.).

- L'insegnante dovrà solo controllare quello che gli studenti fanno, fornendo consigli, informazioni, ecc. (come nei metodi affettivi).
- La presentazione dell'input deve essere impostata nei termini delle sue connotazioni culturali.
- La preparazione delle attività di pratica e di esercitazione si deve fare in base agli obiettivi concettuali, grammaticali, e comunicativi dell'unità didattica.

Conclusione

La visione bimodale, che nasce nell'ambito della glottodidattica italiana, vuole costituire una risposta al quesito di come insegnare le lingue seconde oggi in un contesto scolastico-formale. Tale prospettiva costituisce, ovviamente, solo *una* delle possibili risposte. Ce ne sono molte altre.

Chi scrive ha voluto, con la nozione di bimodalità, aprire un dialogo fruttuoso e impegnativo con gli insegnanti di lingue. C'è ancora molto da fare e molto da scoprire. Secondo certi glottodidatti (v. ad es., Lombardo 1988, Van de Craen 1990, Salvi 1990, Nuessel e Cicogna 1992, Pallotta 1993, Diadori 1994, Schenone 1994), la visione bimodale offre dei suggerimenti ben precisi per la "ricerca in aula", una ricerca che solo l'insegnante potrà svolgere nel proprio ambiente e con i propri discenti. In un mondo in cui la necessità di imparare le lingue diventa sempre piú acuta, non ci sono facili risposte e ricette per garantire condizioni di apprendimento efficaci; l'unica vera risposta professionale è quella di stabilire e portare avanti un dialogo scientifico tra insegnanti che consenta di investigare tali condizioni in tutte le loro modalità.

Spetta, dunque, agli insegnanti accertare la validità di una qualsiasi visione in base ai risultati che essa permette di ottenere. Lo scopo della glottodidattica è abbastanza singolare: aiutare il discente ad imparare una lingua nel modo piú efficiente e motivante, mettendo l'allievo al centro dell'attenzione. Come osserva in proposito Porcelli (1994: 255), in un suo volume recente di grande importanza per la glottodidattica, questo atteggiamento non è una bella utopia, ma si presenta continuamente come una realtà inevitabile che, a sua volta, porta ad un arricchimento personale.

Università di Toronto

Riferimenti bibliografici

Angela, P. (1983), *La macchina per pensare: alla scoperta del cervello*, Milano, Garzanti.

Asher, J. J. (1977), *Learning Another Language through Actions: The Complete Teacher's Guidebook*, Los Gatos CA, Sky Oaks.

____. (1981)., "The Total Physical Response: Theory and Practice", in *Native Language and Foreign Language Acquisition*, (cur.) H. Winitz, 324-331, New York, New York Academy of Sciences.

Bogen, J. E., DeZure, R., Tenhouten, W. D., e Marsh, J. F. (1972), "The Other Side of the Brain: The A/P Ratio", *Bulletin of the Los Angeles Neurological Societies* 37, 49-61.

Chiarello, C. (1988) (cur.), *Right Hemisphere Contributions to Lexical Semantics*, Berlin, Springer.

Damasio, A. R. e Damasio, H. (1993), "Brain and Language", in *Mind and Brain: Readings from Scientific American*, 54-65, New York, W. H. Freeman.

Danesi, M. (1986), "Le coordinate neurologiche dell'apprendimento linguistico: osservazioni psicopedagogiche", in *Atti del Convegno "Il codice della mente"*, a cura di M. De Lellis, 1-24, L'Aquila, Sigma-Tau.

____. (1988), *Neurolinguistica e glottodidattica*, Padova, Liviana Editrice.

____. (1991), "Neurological Learning Flow in Second Language Learning", *Rassegna Italiana di Linguistica Applicata* 22, 12-24.

Danesi, M. e Mollica, A. (1988), "From Right to Left: A *Bimodal* Perspective of Language Teaching", *Canadian Modern Language Review* 45, 76-90.

Delmas, A. (1971), *Introduzione alla neurologia*, Milano, UTET.

Diadori, P. (1994), *L'italiano televisivo*, Roma, Bonacci.

Dunn, B. R. (1985), "Bimodal Processing and Memory from Text", in *Psychophysiological Aspects of Reading and Learning*, acura di V. M. Rentel, S. A. Corson, e B. R. Dunn, New York, Gordon and Breach.

Ebbinghaus, H. (1913), *Memory.*, New York, Teachers College Press.

Edwards, B. (1979, 1989 re. ed.), *Drawing on the Right Side of the Brain*, Los Angeles, J. P. Tarcher.

Freddi, G. (1979), *Didattica delle lingue moderne*, Bergamo, Minerva Italica.

____. (1990a), *Il bambino e la lingua. Psicolinguistica e glottodidattica*, Padova, Liviana Editrice.

____. (1990b), *Azione, gioco, lingua. Fondamenti di una glottodidattica per bambini*, Padova, Liviana.

____. (1993), *Glottodidattica: principi e tecniche*, Ottawa, Canadian Society for Italian Studies.

Galloway, L. e Krashen, S. D. (1980), "Cerebral Organization in Bilingualism and Second Language", in *Research in Second Language Acquisition*, a cur.a di R. C. Scarcella e S. D. Krashen, 74-80, Rowley, Mass., Newbury House.

Gardner, H. (1982), *Art, Mind, and Brain: A Cognitive Approach to Creativity*, New York, Basic.

Goldberg, E. e Costa, L. D. (1981), "Hemispheric Differences in the Acquisition of Descriptive Systems", *Brain and Language* 14, 144-173.

Goldman-Rakic, P. S. (1993), "Working Memory and the Mind", in *Mind and Brain: Readings from Scientific America*, 67-77, New York, W. H. Freeman.

Joanette, Y., Goulet, P., e Hannequin, D. (1990), *Right Hemisphere and Verbal Communication*, Berlin, Springer.

Johnson-Weiner, K. M. (1984), "The Effects of Right and Left Hemisphere Damage on the Comprehension of Stress in English", in *The Tenth LACUS Forum*, a cura di A. Manning, P. Martin, e K. McCalla, 464-473, Columbia, S. C., Hornbeam.

Kimura, D. (1986), "L'asimmetria del cervello umano", *Le Scienze Quaderni* 31, 94-102.

Krashen, S. D. e Terrell, T. (1983), *The Natural Approach: Language Acquisition in the Classroom*, Oxford, Pergamon.

Kupferman, I. (1988), "Asimmetrie emisferiche e localizzazione corticale delle funzioni cognitive superiori e di quelle affettive", in *Principi di neuroscienza*, a cura di E. R. Keel e J. H. Schwartz, 48-56, Milano, UTET.

Lashley, K. S. e Franz, S. (1917), "The Effects of Cerebral Destruction upon Habit Formation and Retention in the Albino Rat", *Psychobiology* 71, 129-139.

Lenneberg, E. (1967), *The Biological Foundations of Language*, New York, Wiley.

Lombardo, L. (1988), "Helping Learners to Establish Criteria in an L2: Promoting Learner Autonomy in the Foreign Language Classroom", in *Proceedings of the Symposium on Autonomy in Foreign Language Learning*, a cura di G. Cecioni, 70-79, Firenze, Centro Linguistico di Ateneo.

Lozanov, G. (1979), *Suggestology and Outline of Suggestopedy*, New York, Gordon and Breach.

Lurija, A. (1947), *Traumatic Aphasia*, The Hague, Mouton.

Mayeux, R. e Keel, E. R. (1988), "Il linguaggio naturale, i disturbi del linguaggio ed altre alterazioni localizzabili delle funzioni cognitive", in *Principi di neuroscienza*, a cura di E. R. Keel e J. H. Schwartz, 23-46, Milano, UTET.

Miller, G. A. (1956), "The Magical Number Seven Plus or Minus Two: Some Limits to Our Capacity for Processing Information", *Psychological Review* 6, 81-97.

Nuessel, F. e Cicogna, C. (1992), "Pedagogical Applications of the Bimodal Model of Learning through Visual and Auditory Stimuli", *Romance Languages Annual* 3, 289-292.

Pallotta, L. I. (1993), "The Bimodal Aspect of Proficiency-Oriented Instruction", *Foreign Language Annals* 26, 429-434.

Pavlov, I. (1902), *The Work of Digestive Glands*, London, Griffin.

Porcelli, G. (1994), *Principi di glottodidattica*, Brescia, Editrice La Scuola.

Ressler, L. E. (1991), "Improving Elderly Recall with Bimodal Presentation: A Natural Experiment of Discharge Planning", *The Gerontologist* 31, 364-370.

Rosenfield, I. (1988), *The Invention of Memory: A New View of the Brain*, New York, Basic.

Rumelhart, D. E. e McClelland, J. L. (1986), (cur.). *Parallel Distributed Processing*, Cambridge, Mass., MIT Press.

Salvi, R. (1990), "Strategie didattiche e applicazioni tecnologiche nell'insegnamento linguistico", *Scuola e Lingue Moderne* 28, 134-143.

Schenone, P. (1994), "Emisfero destro ed elaborazione linguistica. Conferme e sollecitazioni per il modello didattico bimodale", *L'Analisi Linguistica e Letteraria* 2, 467-498.

Scovel, T. (1988), *A Time to Speak: A Psycholinguistic Inquiry into the Critical Period for Human Speech*, Rowley, Mass., Newbury House.

Titone, R. (1986), *Psicolinguistica applicata e glottodidattica*, Roma, Bulzoni.

____. (1992), *Grammatica e glottodidattica*, Roma, Armando.

____ (1993), *Psicopedagogia e glottodidattica*, Padova, Liviana Editrice.

Van de Craen, P. (1990).,"Allochthonous Minorities and Contact Linguistics: Towards a Language Learning Paradigm Based on Social Linguistic Principles", *Sociolinguistica* 4, 98-112.

L'approccio funzionale comunicativo e l'insegnamento dell'italiano come lingua etnica in un contesto bilingue*

Renzo Titone

I. *Vantaggi cognitivi, linguistici e culturali di una educazione bilingue*

La collocazione dell'insegnamento della lingua italiana come lingua etnica —prima o seconda nell'uso dell'individuo— nell'ambito di un contesto bi/plurilingue e interculturale esige una valutazione della sua funzione educativa, oltre che sociale. Ora, gli studi, moltiplicatisi soprattutto in Canada dagli anni Settanta e anche in Italia dagli anni Ottanta, hanno confermato, oltre all'arricchimento della personalità, gli indubbi vantaggi formativi, sia nei riguardi delle competenze linguistiche che in quelle di natura cognitiva qualora la lingua etnica venga ricuperata in maniera adeguata e appropriata almeno nell'ambiente scolastico. Tuttavia, tali vantaggi non sono automatici e spontanei: essi richiedono la presenza attiva di importanti fattori psico-socio-linguistici, mediati da efficaci metodologie glottodidattiche.

In breve, le indagini del mio gruppo di ricerca, operante intensamente in varie regioni italiane, ma anche dal 1989 in Spagna (Andalusia e Asturie) e dal 1992 in Canada (Toronto, Montreal, Ottawa), hanno messo in evidenza, confermando soprattutto le ricerche dei canadesi, la validità di una educazione bilingue precoce (dalla scuola materna), condotta con criteri implicanti:

a) un ricupero della lingua d'origine (sia essa un dialetto o una lingua minoritaria) fin dalle prime fasi della scolarizzazione (almeno dall'età di 3 anni o al piú tardi di 6), in modo da destare nell'individuo in via di sviluppo un atteggiamento positivo e una motivazione profonda;

---

* Riproduzione ampliata e aggiornata di due articoli precedenti pubblicati nel volume *Orizzonti della glottodidattica*, Perugia, Guerra, 1994.

b) l'uso di tale lingua come strumento comunicativo, in attività ludiche, anche nell'ambiente scolastico, da parte di alunni molto giovani;

c) una metodologia glottodidattica appropriata, che conduca gradualmente l'alunno dalla comunicazione funzionale verso una

crescente presa di coscienza della struttura e del funzionamento di tale lingua, in connessione viva con la cultura sottostante;

d) l'eventuale inserimento di tale studio nel vivo del curricolo globale, quale mezzo di insegnamento/apprendimento anche delle discipline non linguistiche.

Questi fondamentali criteri assicurano una formazione piú ricca non solo delle competenze linguistiche (in quanto sviluppano le abilità denominate 'metalinguistiche'), ma anche delle capacità cognitive di base che si rafforzano pure negli apprendimenti non linguistici grazie ad un effetto di 'trasferenza'. Inoltre, come abbiamo noi stessi constatato in alcune ricerche su bambini bilingui, si può verificare una maturazione della sensibilità sociale e nella personalità di base del soggetto.

I dati delle nostre ricerche sono già stati pubblicati in due numeri monografici, il primo della *Rassegna Italiana di Linguistica Applicata* (nn.1-2, 1989), il secondo nella rivista dell'Università belga di Gand, *Scientia Paedagogica Experimentalis* (luglio 1993). Un volume, contenente la completa analisi dei problemi e dei risultati delle nostre ricerche, sta per apparire in italiano (Editore Bulzoni di Roma) e in inglese (University of Toronto Press).

All'uopo abbiamo prodotto e standardizzato tre test per verificare il grado di sviluppo delle abilità metalinguistiche per tre livelli di età: 4-7 anni; 9-13; 14-19; questi test sono disponibili in italiano, spagnolo, inglese e francese.

Ma, come accennato dianzi, tali effetti non sono automatici; essi dipendono dall'utilizzazione di adeguate metodologie glottodidattiche, fondate da una parte sull'esplicita consecuzione delle abilità comunicative, dall'altra su un idoneo controllo cognitivo delle strutture della lingua, acquisito, per via induttiva, dall'uso effettivo della lingua medesima.

Sarà quindi utile, nel seguito di questa esposizione, affrontare il problema metodologico collegato con il cosiddetto 'orientamento comunicativo-funzionale'.

II. L'orientamento funzionale-comunicativo nell'insegnamento linguistico: chiarimenti e proposte

Il diffuso entusiasmo, giustificabilissimo, che fece seguito al lancio dell'idea di un approccio funzionale all'insegnamento delle lingue da parte della nota Commissione del Consiglio d'Europa, or sono oltre dodici anni, si sta convertendo piú recentemente in un atteggiamento, sempre generalmente positivo, ma anche piú evidentemente critico. La proposta ha ormai varcato gli oceani: studi e rassegne sono comparsi e vanno tuttora estendendosi in circoli linguistici e didattici, oltre che su numerose riviste, non soltanto europee, ma anche statunitensi, canadesi e sud-americane. La bibliografia è in continuo impressionante aumento: una semplice rassegna bibliografica potrebbe da sola costituire un volume o una tesi di laurea di non modeste proporzioni.

Certamente, al di là di ogni critica, l'idea funzionalistica, trapassata dalla filosofia del linguaggio alla linguistica scientifica e finalmente alla pedagogia linguistica, si presenta come assai feconda. Ciò non toglie che essa abbia generato, *praeter intentionem*, alcune confusioni e alcuni equivoci sia sul piano teorico che sul piano pratico. Anche se non è mia intenzione, al presente, tentare una chiarificazione e un'opera di bonifica al riguardo, non può tuttavia non essere utile offrire materia di riflessione a chiunque voglia ripensare le basi teoriche dell'approccio funzionale, e insieme illustrare alcune deduzioni importanti sul piano operativo-didattico. È quanto tenterò di fare, in tutta modestia, seguendo quattro tappe di analisi: significato e problemi teorici; errori metodologici; una applicazione all'uso della drammatizzazione linguistica; la costruzione di unità didattiche di tipo comunicativo.

1. Significato e problemi teorici dell'approccio funzionale

1.1 Moda pedagogica o conquista permanente?

Non sono mancati autori (von Baeyer e Sutton 1980), i quali, senza intenzione dispregiativa, hanno parlato di un *new band-wagon*, di una nuova 'cricca' di didatti, o di una nuova 'moda' nel concepire la didattica delle lingue, legata ai concetti del funzionalismo. Se è vero che ogni nuova svolta, teoricamente e scientificamente determinata, apparsa sull'orizzonte della glottodidattica in questo nostro secolo, ha generalmente rappresentato una nuova conquista, solo in parte superabile, o almeno una fase dialettica dello sviluppo storico della teoria del metodo, credo che con eguale, se non maggiore ragione, si possa *attribuire all'approccio funzionale la caratteristica di conquista destinata a restare*: un aquisto per sempre, come lo storico Tucidide considerava la sua opera (κτῆμα ἐς ἀεί. Tuc. I, 22,4). Ma ogni acquisizione procede per gradi e attraverso serie spesso assai articolate di *affinamenti*. Il dibattito attuale, in vari Paesi, sui caratteri essenziali e sulle dimensioni del funzionalismo glottodidattico è certamente orientato verso una migliore formulazione dei concetti e della problematica.

1.2 *Un solo concetto o concetti multipli?*

Il termine caratterizzante 'funzionale' non ha un solo né semplice significato. Il concetto filosofico (Austin, Searle) di funzione, il concetto linguistico-analitico presente dalla scuola di Praga alla scuola britannica di Firth e Halliday, il concetto psicologico di funzione comunicativa illustrato dalle teorie di psicologi classici come Bühler o da psicologi cognitivisti moderni come Piaget, Vygotskij, Bruner, fino alle indicazioni assai illuminanti di antropolinguisti come Hymes e di pragmapsicologi come Watzlawick e altri, tendono a confluire in grado diverso nel modello di Wilkins (1976) e di van Ek (1977) destinato a fornire una mappa curriculare traducibile didatticamente. In sostanza, si riscontrano di solito tre usi del termine "funzione" in questo contesto:

a) il concetto 'operativo' del linguaggio (How to do things with words);
b) il concetto di diversi usi della lingua (chiedere informazioni, ordinare, salutare, ecc.);
c) il concetto di adattamento ai bisogni dell'utente (fino ad un orientamento chiamato 'job specific', in Canada, ossia 'related to the functioning of functionaries'). (Tuttavia, quanto alle "grammatiche funzionali", v. R. Titone 1980a).

L'idea di fondo, soggiacente ai vari significati, rimane —come è ben noto— quella di 'comunicazione': ossia, funzionale al comunicare. Non è un'idea nuova. In circa 4000 anni di insegnamento delle lingue (Titone 1980a), c'è sempre stata la tendenza, anche se non chiaramente espressa e non sempre abbastanza diffusa, a insegnare una seconda lingua per poter comunicare: anzi appare che solo dopo la fine del Settecento sia emersa la contrastante tendenza a far dell'insegnamento linguistico una disciplina formale, orientata verso la teoria anziché verso la pratica. Nel Medio Evo si imponeva l'uso orale del latino nei monasteri come esercizio extra-scolastico; dal Cinquecento in poi si mandavano all'estero a impratichirsi nelle varie lingue i figli dei nobili. L'uso della lingua è sempre stato visto in qualche modo, soprattutto nell'istruzione privata o tutoriale, come una forma di *role-play*, anche se con senso diverso.

Littlewood (1975: 20) nota che "... a patto che un ruolo sia interiorizzato dal discente e non semplicemente imitato, l'esecuzione di ruoli offre un *continuo psicologico* che può collegare il mondo esterno alla classe a quello interno".

Ma il concetto di comunicazione come interazione dialogica e come interazione drammatica o pragmatica presenta almeno due facce ben distinte, che ottengono una diversa considerazione sul piano pedagogico e didattico. Ecco alcune distinzioni importanti:

a) 'Role-taking' vs. 'role-making' (Littlewood 1975): il primo si esaurisce nella pura imitazione o riproduzione di comportamenti imparati meccanicamente e riespressi pedissequamente; il secondo implica la creazione di forme individuali di condotta, proprie del singolo e originali.

b) Una comunicazione può essere orientata sul *medium* (la lingua come codice) oppure sul *messaggio* (sul contenuto: 'medium-oriented communication' vs. 'message-oriented communication' (Tacke 1923; Butzkamm e Dodson 1980). Nella prima l'attenzione dell'insegnante e dell'alunno è concentrata sulla lingua e sul processo di apprendimento in se stessi; nella seconda si bada esclusivamente o soprattutto al contenuto del messaggio, ai significati da trasmettere, in rispondenza a bisogni concreti che spingono all'atto di comunicazione. In qualche modo, l'azione di 'role-taking' coincide con la 'medium-oriented communication', mentre quella di 'role-making' corrisponde piuttosto alla 'message-orientated communication'. Si pensi al caso piú tipico di un apprendimento della lingua sotto forma di 'message-oriented communication', ossia a un programma di istruzione bilingue, in cui la seconda lingua non è semplice oggetto di studio e di esercizio a sé stante, bensí veicolo di insegnamento-apprendimento orientato verso l'attingimento di contenuti conoscitivi o l'espressione di contenuti o significati esperienziali. Già da questo rapidissimo accenno emerge una tesi, oggi riconosciuta come massimamente plausibile: cioè, la lingua funzionalizzata all'esperienza ha la massima garanzia di essere assimilata.

c) Altre simili distinzioni si ricollegano alle precedenti. Jarvis (1968) parla di 'real speech' vs. 'drill speech'; Stevick (1976) di 'productive vs. reflective, or echoic'. Ma non sempre gli autori hanno individuato la vera natura delle distinzioni: si dimentica a volte che la differenza sta soprattutto e specificamente, piú che nella forma apparente del discorso, nell'intenzione degli allocutori, ossia in ciò che essi intendono fare usando la lingua. Pertanto, anche un dialogo o una drammatizzazione apparentemente comunicativi e funzionali possono di fatto risolversi in una forma di 'roletaking', in una semplice ripetizione pappagallesca di battute imparate a memoria. Il che non vuol dire, tuttavia, che un simile procedimento non sia utile all'inizio dell'apprendimento, quando cioè il discente non possiede ancora sufficiente autonomia linguistica nella seconda lingua.

Se è vero che il pensiero divergente o creativo presuppone il pensiero convergente o ricettivo, si può egualmente affermare che è legittimo ipotizzare un itinerario didattico che vada dalla adesione ai dati linguistici alla manipolazione in maniera personale degli elementi linguistici recepiti o riscoperti *(from control by the language to control of the language,* o —come diceva Palmer— *from primary matter to constructed matter).* Sotto l'aspetto dell'applicazione didattica, è chiarificante anche la distinzione di Burt e Dulay (1980) tra compiti di comunicazione naturale e compiti di manipolazione linguistica: nella prima forma di compiti linguistici i parlanti usano subconsciamente le regole grammaticali acquisite allo scopo di trasmettere un messaggio; mentre la seconda implica la consapevolezza riflessa e l'uso cosciente delle regole e delle forme della lingua. La distinzione non è tuttavia egualmente facile sul piano pratico dell'insegnamento.

Quando sarà possibile allo studente dimenticare l'artificialità dei comportamenti in classe e identificarsi realmente con ciò che egli vuole dire nella lingua straniera? Certamente, una caratteristica esterna della comunicazione orientata sul messaggio è la presenza di alcuni tratti paralinguistici e di fenomeni non-verbali. Essi differiscono a volte da lingua a lingua, da cultura a cultura; e non è facile l'individuazione di tali caratteri, se non si vive nella comunità dei parlanti della seconda lingua. In ogni caso, la comunicazione spontanea, in quanto in gran parte imprevedibile, non è direttamente 'insegnabile'; se ne può soltanto preparare lo sbocciare, predisponendo le condizioni psicologiche e socio-affettive che ne garantiranno la fioritura. Il problema è, dunque, solo in parte linguistico.

1.3 *Teoria, approccio, metodo o tecnica?*

La glottodidattica di tipo funzionale si presenta con svariati risvolti. Essa copre di fatto piú di un livello epistemologico e metodologico:

a) *Teoria.* — Il concetto funzionale di lingua sottolinea l'aspetto operativo, ossia la strumentalità comportamentale dei processi linguistici, manifestati in svariate funzioni: viene cioè focalizzato l'atto stesso di linguaggio piú che le strutture e le forme della lingua, e l'atto di linguaggio non può mai prescindere dal contesto situazionale in cui opera.

b) *Approccio.* — La visuale di tipo funzionale focalizza i processi e i bisogni del comunicante, e, di conseguenza, considerando l'apprendimento della lingua, tiene conto delle modalità concrete e delle variabili linguistiche, psico-linguistiche e socio-linguistiche, che accompagnano il processo di apprendimento.

c) *Metodo*. — Se l'analisi dei processi e dei bisogni del comunicante implica la definizione delle funzioni, situazioni, argomenti e forme linguistiche specifiche di determinati gruppi di discenti, e insieme la scelta delle forme e strutture connesse con tali bisogni e funzioni, ne consegue che il metodo didattico conseguente all'approccio funzionale si presenta come di natura eclettica e pragmatica. In sostanza, se specifico è il nuovo contenuto (*syllabus*) da insegnare, le vie procedurali relative a tale insegnamento appaiono molteplici e multilaterali (*multiple approach: eclectic method*).

d) *Tecnica*. — Da tale eclettticità metodologica deriva una pluralità di tecniche e procedimenti utilizzabili ai fini di un apprendimento funzionale della lingua. Tra i procedimenti piú pertinenti spiccano le varie forme di 'role-play' e di 'simulazione', che tentano di avvicinarsi il piú possibile, man mano che l'alunno progredisce, alla conversazione spontanea, all'incontro tra comunicanti, partendo dal dialogo fisso e dalla drammatizzazione preparata ('role-taking'). Quelli che sono chiamati 'consolida-tion exercises', destinati a far usare funzioni e forme in contesti sempre diversi, hanno il vantaggio di avviare a una graduale abilità di 'situational transfer', ossia alla capacità di utilizzare forme e funzioni in contesti diversi da quelli in cui furono inizialmente appresi.

In conclusione, la teoria funzionalistica si traduce in approccio e questo in metodo, e infine in tecnica, con il comun denominatore dell'aderenza all'uso funzionale, strumentale e comunicativo della lingua, in situazioni vive di scambio interattivo ('true-to-life situations').

1.4 *Quali problemi metodologici rimangono aperti?*

Parecchi. Von Baeyer e Sutton (1980) ne elencano di sei tipi:

a) La 'questione grammaticale': se la prospettiva funzionale ridimensiona l'inserimento della grammatica, rimane da stabilire con quali criteri si debbono selezionare, graduare, ordinare e presentare le funzioni linguistiche in forme adatte a stadi particolari di apprendimento linguistico e a particolari tipi di discenti.

b) Che cosa implica una definizione dei bisogni? Come si identificano tali bisogni, e chi è delegato a tale identificazione (gli studenti, gli insegnanti, i sistemi scolastici, le agenzie committenti, gli imprenditori, i politici)?

c) Quale *expertise* si richiede negli insegnanti intenzionati ad adottare l'approccio funzionale? Basta un addestramento di tipo tecno-didattico, oppure occorre una preparazione di base in linguistica applicata e scienze ancillari?

d) Nell'accentuare le funzioni comunicative, a spese —forse— della competenza linguistica, si formeranno studenti comunicativamente competenti e linguisticamente incompetenti? Abili parlanti di una lingua *pidgin?*

e) E che dire delle variabili psico-linguistiche? Esiste un ordine sequenziale fisso nell'apprendimento delle funzioni e delle strutture, oppure dominerà la contingenza del bisogno e della situazione comunicativa, rendendo impossibile un qualsiasi programma sistematico di istruzione?

f) Infine, come si configurerà il problema della valutazione e della misurazione del profitto *(testing)?* Come si può valutare e misurare la competenza comunicativa, e quali dovrebbero essere i criteri e i parametri idonei a tale valutazione? I tentativi al riguardo non mancano, come il manuale di Brendan J. Carroll (1980) attesta ed altri modelli proposti da tempo confermano. Ma pare indubbio che un certo margine di obiettività docimologica e di esattezza psicometrica andrà perduto. Forse, i *language tests* subiranno la stessa crisi degli *intelligence tests* nella storia della psicologia; ma si può pensare che il danno non sarà grave e sarà in ogni caso compensato da un accertamento piú realistico della *language mastery.*

1. 5 *Come si realizza un programma funzionale?*

Una compiuta realizzazione dovrebbe aver luogo a quattro importanti livelli:

a) una decisione politico-scolastica dovrà identificare i bisogni essenziali relativi all'acquisizione della lingua in senso funzionale-comunicativo;

b) una formulazione adeguata del programma *(syllabus design)* dovrà cercare di includere tutti quei contenuti di funzioni, nozioni e forme linguistiche corrispondenti agli obiettivi dell'apprendimento in termini di bisogni comunicativi;

c) una strategia curricolare idonea dovrà tradurre tali contenuti in sequenze di unità didattiche e in lezioni coadiuvate da media e tecniche adatti agli obiettivi prefissati, sequenze strategiche tuttavia abbastanza flessibili da permettere congrui adattamenti a individui e a situazioni;

d) un orientamento formativo degli insegnanti dovrà infine permettere una realizzazione pratica di queste premesse in conformità alle esigenze della classe e dei singoli studenti: un orientamento abbastanza creativo cosí da evitare il ritorno alle schematizzazioni fossilizzanti della didattica tradizionale, nozionistica e trasmissiva. Il che non è dir poco! È vero che il metodo non si identifica con l'insegnante, ma è pur vero che nessun metodo si può realizzare senza l'opera intelligente dell'insegnante. È sufficiente la frattura di questo anello per far cadere l'intiera impalcatura scintillante della didattica funzionale...

2. Alcuni errori metodologici

L'esperienza dei recenti tentativi di applicare un approccio comunicativo all'insegnamento della lingua straniera ha posto in rilievo alcuni malintesi, che ne hanno bloccato lo sviluppo. Butzkamm e Dodson (1980: 293-299) riassumono tali equivoci in quattro tipi di errori metodologici:

1. 'Abortimento della comunicazione'. L'avviamento dell'attività degli allievi sul binario del comportamento comunicativo viene bruscamente troncato o deviato da pratiche meccanicistiche, che fossilizzano o inaridiscono la comunicazione vera e propria (communicative cut-off). Gli insegnanti possono indulgere soverchiamente in una forma di 'role-taking', fatta di imitazione meccanica, di memorizzazione di dialoghi prefabbricati. Il problema, invero, sta nel passaggio dalle strutture iniziali ben costruite e imparate in maniera rigida a una forma conversazionale piú fluida. D'altra parte, come nota Prator (1972: 408), dovremmo convincerci che "non possiamo essere veramente sicuri che gli studenti hanno acquisito stabilmente e autenticamente una data struttura finché non li abbiamo sentiti riprodurla in una situazione comunicativa libera da ogni controllo". Pertanto, anche se l'acquisizione della capacità di produzione spontanea e creativa non può che rappresentare una meta avanzata, rimane vero che tale capacità si acquisisce attraverso un avviamento graduale alla soluzione di problemi nuovi di espressione e attraverso un insegnamento sistematico dei procedimenti di trasferimento delle strutture da un contesto ad un altro.

2. 'L'attività comunicativa come semplice diversione'. L'insegnante, anche modernamente orientato, pensa che l'apprendimento serio debba consistere in attività sistematiche di studio della grammatica e dei modelli canonici della lingua; tutto il resto è divertimento o piacevole ingrediente (sugar on the pill). Quando quindi si introduce qualche forma di 'role playing', lo si fa per ragioni sbagliate, in ge-

nere per motivi di incentivazione, e non per la convinzione che l'esperienza spontanea del comunicare sia di beneficio diretto all'apprendere la lingua. Pertanto, in molte classi, il 'role-making' come processo attivo di uso personale della lingua rimane l'eccezione e non la regola.

3. *Sfruttamento inadeguato'*. Molti insegnanti non sono capaci di fare pieno uso del potenziale comunicativo delle loro situazioni linguistiche. Ad esempio, una attività che rischia spesso di degenerare in falsa comunicazione è quella basata su sequenze di domande e risposte, in cui le risposte si possono facilmente prevedere. Esercizi legati strettamente a materiale libresco e implicanti risposte predeterminate dall'insegnante appaiono spogliati di ogni elemento di originalità, anche sul piano paralinguistico, poiché spesso anche i gesti e la mimica facciale dell'insegnante suggeriscono il tipo di risposta da dare. Non è detto che tali attività non siano utilizzabili inizialmente, come avviamento a forme più genuinamente comunicative man mano che la familiarizzazione con la lingua segue il suo corso; ma il pericolo è di fermarsi a questo stadio, producendo quello che abbiamo chiamato 'abortimento della comunicazione'. È ovvio che per risolvere tale pericolo di congelamento l'insegnante di lingue dovrebbe possedere non solo la competenza linguistica ma anche una certa dose di abilità drammatica (o teatrale? o istrionica?). Tocca all'insegnante saper sfruttare le situazioni, apparentemente stereotipiche, della classe, per dare il colpo d'ala della liberazione creativa dalla routine esercitativa. La realtà della classe è un fenomeno fluido, in flusso costante non solo nella struttura dinamica del gruppo ma anche nelle disposizioni e nelle reazioni dei singoli alunni, ad ogni stadio della lezione. Molte attività di insegnamento-apprendimento rappresentano miscugli di comunicazione e di manipolazione in dosi svariate.

4. 'Mancanza *di struttura di base'*. Se l'effettiva comunicazione è accettata come l'aspetto dominante delle attività didattiche, anzi proprio perché gli insegnanti moderni tendono a considerarla tanto importante, si tende purtroppo a introdurre in classe situazioni comunicative in uno stadio troppo prematuro, senza adeguata preparazione degli elementi necessari al loro efficace svolgimento. Si tratta di una frequente confusione tra il prodotto finale e il processo di produzione. Si sono dimenticati i vecchi —ma non superati— principi di procedere dal noto all'ignoto, dal semplice al complesso, dal facile al difficile, dalla parte al tutto. Forse si pensa che un adeguamento del processo di apprendimento di una seconda lingua al processo di acquisizione

della prima debba comportare sin dall'inizio un atto di comunicazione.

Le analisi psicolinguistiche hanno posto in evidenza le difficoltà incontrate dall'alunno nel processo apparentemente semplice di imitare frasi in lingua straniera pronunciate dall'insegnante, e ancor piú nel partecipare efficacemente ad attività comunicative senza prima aver esercitato e interiorizzato le catene verbali basilari. E questa preparazione preliminare richiede spesso tempi lunghi (Dodson 1967). Inoltre, questi tentativi abortivi di riproduzione o ancor piú di produzione spontanea tendono a minare la fiducia dell'alunno nella propria capacità di imparare la lingua.

Una possibile soluzione, quindi, consisterebbe nel convertire le situazioni di base in mini-situazioni da ripetersi sovente in maniera variata e vivacizzata; o ancor meglio, nell'accettare l'artificiosità iniziale della situazione di base e nell'ammettere espressioni formalmente imperfette ma contestualmente significative o intelligibili, rimandando a tempi ulteriori il perfezionamento strutturale di questi mini-atti linguistici. In altre parole, l'attingimento della competenza comunicativa in tutte le sue gradazioni procede a piccoli passi, ed esige la presenza previa di sottostrutture, che —linguisticamente— equivalgono a molecole di lingua assimilate attraverso la memorizzazione dialogica e l'adattamento o la variazione delle situazioni. Il passaggio, tuttavia, dalla manipolazione alla comunicazione non va concepito in termini di stadi tra loro distanziati, bensí di fasi compresenti nell'ambito della stessa lezione o unità didattica, susseguentisi a ritmo alternato.

Queste premesse di chiarimento generale ci permettono a questo punto di passare alla delineazione in forma esemplificativa di alcuni segmenti del processo glottodidattico in chiave funzionale. Anzitutto, sarà utile esaminare un modello di costruzione della "unità didattica comunicativa" secondo la proposta di Vjatjutnev (1980); indi, si tenterà di proporre un esempio di articolazione delle procedure di 'role-making' secondo la proposta di Butzkamm e Dodson (1980).

3. Struttura della 'unità didattica comunicativa' secondo M. N. Vjatjutnev (1980)

Vjatjutnev, collaboratore dell'Istituto di Lingua Russa "Puskin" di Mosca e coordinatore di vari collettivi di autori per la costruzione di manuali di lingua, si è posto il problema delle procedure da seguire per costruire una tipica "unità didattica" di tipo *comunicativo*.

Partendo dal postulato che l'unità minima della comunicazione è l'atto verbale, Vjatjutnev cerca di organizzare tutto il materiale glottodidattico attorno a questo perno. L'atto verbale è caratterizzato in primo luogo dal fatto che è sempre condizionato da una *causa*, subordinato all'attività dell'uomo e del gruppo sociale, ma allo stesso tempo possiede una *relativa compiutezza e autonomia*, poiché in esso si realizza una concreta intenzione verbale, un obiettivo comunicativo come un consiglio, una promessa, un proposito. L'atto verbale è un tutt'uno che comprende *l'intenzione verbale* di non meno di due interlocutori, una *particolare situazione* (condizioni, luogo, tempo, circostanza, contesto) e dei *mezzi linguistici*. Le intenzioni verbali equivalgono, sul piano dinamico-linguistico, alle funzioni comunicative.

Per migliorare l'insegnamento e l'apprendimento di una lingua come mezzo di comunicazione, bisognerà far sì che la selezione e l'introduzione delle unità della lingua dipendano dalle *funzioni* che esse esplicano nelle situazioni degli atti verbali. A questo scopo pare promettente di risultati —nota Vjatjutnev— *l'organizzazione del materiale didattico sulla base delle intenzioni verbali*. Le intenzioni verbali sono intuitivamente note ai discenti: essi operano con queste comunicando nella lingua materna. *L'intenzione verbale è una categoria extra-linguistica, universale, costante*. Le altre componenti dell'atto verbale si distinguono per la variabilità, per la multiformità delle interconnessioni. Le *situazioni* degli atti verbali, evidentemente, sono tante quante sono le *enunciazioni*.

L'orientamento verso il *ruolo dominante* delle *intenzioni verbali nella selezione* del *materiale linguistico*, non c'è dubbio, influirà sulla composizione e soprattutto sull'ordine di successione nella presentazione delle unità linguistiche nella fase iniziale, ma i principi dell'analisi linguistica sistematica verranno in parte infranti. Non sarà sempre possibile conservare la successione tradizionale nella presentazione delle unità linguistiche, giacché toccherà introdurre nella fase iniziale parte di determinati fenomeni che di regola attualmente si studiano nella fase avanzata. Non dominerà piú l'ordine logico o sistematico ma un ordine funzionale nella selezione e nella graduazione delle parti della lingua.

Il problema della composizione e della classificazione delle intenzioni e degli atti verbali è uno dei piú difficili e per ora ancora insoluti (basta riferirsi alle diverse classificazioni, per l'inglese, di Trim, Wilkins e van Ek, e, per il francese, di Coste, Roulet e altri). Si fa l'ipotesi di un elenco indefinito di atti verbali. Ma non è escluso —osserva Vjatjutnev— che l'ipotesi circa la quantità innumerevole di tali atti sia erronea, e che fondata risulti essere l'altra che limita il loro numero complessivo a 1.000 (Austin 1962: 149). I risultati preliminari delle indagini condotte dal nostro Autore mostrano che per la formazione della competenza comunicativa di uno straniero (una competenza del 'minimo comunicativo', espressione che in Russia equivale al 'T-level') si richiedono in tutto 120-150 atti verbali. Se si considera che molte persone studiano la lingua per scopi strettamente professionali, il numero di tali atti risulterà essere ancora inferiore. Per esempio, il numero di atti verbali che sono indispensabili per la discussione su un libro di testo, sul progetto di una nuova macchina, su una pellicola cinematografica, ecc., è di circa 30-40.

Il gruppo totale degli atti verbali, a ciascun livello di competenza, costituisce il programma glottodidattico. La loro classificazione rimane, come dicevamo, un problema aperto. Il nostro Autore progetta di distribuire gli atti verbali secondo i 'ruoli verbali'. Secondo una ricerca di V. N. Glagolev (1978), il quadro generale dei ruoli verbali del parlante può venire prospettato nel modo seguente. Il mittente, rispetto al destinatario, può alternativamente assumere otto ruoli verbali:

1) positivo di destinatario: trasmissione d'informazione (atto del parlare);
2) positivo di mittente: precisazione della propria informazione (richiesta di informazione);
3) positivo di grado zero: ricezione di informazione (ascolto);
4) suggestivo di destinatario: verifica dell'informazione (interrogazione-accertamento);
5) suggestivo di mittente: imposizione/ pressione;
6) di compromesso: recessione dalla propria posizione per effetto di una pressione;
7) negativo: rifiuto del punto di vista dell'interlocutore;
8) indifferente: indifferenza all'informazione (in presenza di un interlocutore attivo).

La quantità degli atti verbali e le modalità della loro espressione si trovano in rapporto di dipendenza dalla posizione del parlante, posizione che egli assume costantemente, temporaneamente o nel momento della conversazione. È un padre, un maestro, o un alunno, un paziente? È indispensabile saperlo, poiché nella società tra parlante e ascoltatore si stabiliscono dei rapporti che condizionano le modalità della interazione verbale. Qui il gioco delle cosiddette 'presupposizioni' diventa essenziale ai fini di una retta ermeneutica del messaggio (Rommetveit 1979).

Tutto ciò che è stato detto degli atti verbali consente a buon diritto di assumerli in qualità di unità didattiche comunicative. Ma non sarà facile tradurre questa concezione in un impianto glottodidattico pertinente e efficiente. Il primo obiettivo sarà la costituzione di un 'minimo comunicativo', travasabile in un libro di testo. 'Minimo comunicativo' è l'elenco degli atti verbali di vario contenuto e delle componenti che garantiscono il loro uso per determinati scopi. Il testo, dunque, di orientamento funzionale comunicativo, rivolgendosi ai discenti, e non soltanto ai docenti, aiuterà gli alunni a orientarsi nelle seguenti direzioni:

a) quali intenzioni verbali essi possono esprimere nella lingua studiata;
b) in quali condizioni è possibile la piú chiara esplicitazione di ciascuna intenzione verbale;
c) quali ruoli verbali e relazioni sociali determinano i loro rapporti o contatti durante il compimento degli atti verbali;
d) quali mezzi linguistici servono per riflettere le intenzioni verbali. Su questa base, è nel libro di testo che il 'minimo comunicativo' acquisterà la sua veste definitiva.

Tuttavia, questa affermazione di Vjatjutnev lascia aperto il problema posto da Butzkam e Dodson, cioè quello della flessibilità degli atti di comunicazione in contesto didattico; anzi, pare che, parlando di una sistemazione 'compiuta' del minimo comunicativo in un libro di testo, Vjatjutnev contraddica al principio piú volte enunciato della adattabilità degli esercizi di tipo comunicativo alle situazioni e ai fini di formazione di una capacità creativa nel discente. Forse, la contraddizione —apparente— si risolve in una piú chiara definizione della natura del libro di testo o manuale di lingua. Esso non sarà più, evidentemente, una enciclopedia del sapere o un trattato sistematico contenente tutte le risposte possibili a tutte le domande o tutte le definizioni e regole proprie del sistema; esso si atteggerà invece come guida o mappa, in cui sono tracciate le grandi vie di comunicazione e le grandi aree di operazione nella conquista della lingua, permettenti tuttavia un continuo adattamento alle esigenze espressive del singolo e del gruppo. Il che significa, ancora una volta, che il testo vero del lavoro glottodidattico non è il manuale, bensí la puntuale pianificazione dell'apprendimento come interazione educativa tra docente e discente sulla piattaforma di un materiale linguistico funzionalmente organizzato.

4. Esigenze funzionali di un corso d'italiano L2

Il principio della "funzionalità", da quanto detto, appare possedere due volti: anzitutto, una funzionalità *intrinseca*, consistente nella coesione sistemica di ogni elemento linguistico all'interno della struttura del "testo" (il testo come discorso organico, compaginato unitariamente sul piano sintagmatico, e quindi includente simultaneamente la presenza di tutti i piani sistemici: fonologico, morfologico, sintattico, lessicale, stilistico); in secondo luogo, una funzionalità *estrinseca* o extralinguistica, ma interna all'atto di comunicazione, che è connaturale alla situazione reale di interazione verbale. Un insegnamento funzionale, quindi, implica l'aderenza al principio della coesione e coerenza interna di tutti gli elementi linguistici costitutivi di ciascun atto verbale, e conseguentemente la presentazione di strutture del discorso aventi regolarità grammaticale e accettabilità o significatività semantica. Implica, in secondo luogo, la coerenza funzionale dell'atto verbale come discorso strutturato con le esigenze sociali, culturali, pragmatiche delle singole situazioni di comunicazione.

La soluzione didattica conseguente a tale principio della doppia funzionalità non sta, tuttavia, nell'elencazione di un certo numero di "situazioni" sociali/culturali, e tanto meno di tutte le principali situazioni reali di comunicazione, possibili a diversi livelli di scambio verbale: l'elenco non sarebbe e non potrebbe essere, com'è ovvio, esauriente, e quindi cadrebbe nella sfera anonima del "non-insegnabile". Il cosiddetto "approccio situazionale" era contaminato radicalmente da tale illusione. L'unica via plausibile è data dalla ipotizzazione di *categorie ben definite di atti verbali*, caratterizzate dalla loro corrispondenza a *categorie di intenzioni verbali*, le quali si ritrovino come denominatore comune alla base di qualsiasi situazione normale di comunicazione. Si tratta dunque di una ricerca dell'universale nel particolare: ossia, delle strutture fondamentali del comunicare, delle funzioni fondamentali di ogni interazione verbale, suscettibili di essere trasferite da una situazione comunicativa all'altra (*situational transfer*) secondo i bisogni concreti dell'interagire umano. Si può, insomma, ipotizzare che le ordinarie situazioni del comunicare in lingua italiana, secondo l'età, i ruoli sociali, gli scopi, le funzioni che sottendono i vari atti di comunicazione, siano sostenute da elementi o categorie di intenzioni e atti verbali nel senso illustrato da Vjatjutnev.

Si dovrebbe perciò poter rispondere alla domanda: in che cosa consiste il "minimo comunicativo" in lingua italiana? Il corpus organico, risultante da una indagine pragmalinguistica appropriata, darebbe vita ai due livelli preliminari di competenza linguistico-comunicativa in italiano, corrispondenti ai cosiddetti *Waystage* e *Threshold Level*. Ma il lavoro è in gran parte da fare. Al posto dei superati lessici di base, occorre costruire dei "sistemi comunicativi di base", costituiti da nuclei funzionali di categorie di atti verbali a livelli comunicativi diversi.

La conclusione pone in evidenza la stretta interdipendenza dei due elementi dinamici del discorso: la funzione e la situazione. Nella situazione vive la funzione. Apprendere una lingua vuol dire acquisire gradualmente la capacità di comunicare in tale lingua adattando la giusta funzione alla giusta situazione, e, implicitamente, adattando la giusta forma linguistica alla giusta funzione comunicativa. È possibile questa rinascita del parlante umano nel mondo sterilizzato e depauperato dell'insegnamento scolastico?

Ovviamente, la situazione ideale di immersione nella lingua straniera come forma coinvolgente di comunicazione è il soggiorno all'estero o lo scambio di incontri con coetanei stranieri. Tutto quanto suggerito finora non è che un preludio, e in un certo senso una simulazione, delle situazioni reali di comunicazione reperibili soltanto nell'ambiente straniero, dove lingua e costume, pensiero e espressione, si fondono intimamente e permeano dal di dentro il comportamento linguistico del parlante.

L'ideale dell'apprendimento di una lingua straniera non è forse, in termini di cultura e di educazione umanizzante, la conseguita e efficace capacità di 'pensare in un'altra lingua'?

III. Il Modello 'Modulare' nell'insegnamento linguistico (Italiano L2)

0. Dalla 'lezione' alla 'unità di apprendimento'

Le critiche alla 'lezione' tradizionale sono antiche: rimontano almeno al secondo decennio di questo secolo, cioè ai movimenti di rinnovamento didattico legati alle varie concezioni della 'scuola attiva' o 'funzionale' (Decroly, Claparède, Dewey, Ferrière, Parkhurst, Washburne, e altri).

In generale, la si è accusata di verbalismo nozionistico, di non funzionalità allo sviluppo e alle disposizioni di apprendimento dell'alunno, di anonimia collettivistica, di tendenza passivizzante, di trionfo del magistrocentrismo, e simili. La si è ricondotta —a torto— alla *lectio* medioevale, dimenticando che la sua origine sta invece nell'enciclopedismo di fine Settecento e inizio Ottocento, preoccupato di insegnare tutto a tutti mediante la parola 'ben congegnata' del maestro. Ma una piú fondata e obiettiva critica alla lezione tradizionale può provenire piú propriamente da un recupero dei principi meglio accertati della psicologia dell'apprendimento. L'uso del termine 'psicologia' al singolare non vuole far intendere che esista una teoria canonica sull'apprendimento, ma piuttosto indicare che è possibile radunare in un solo corpo, abbastanza omogeneo anche se internamente articolato, una varietà di principi, di dati e di indicazioni tratti dalle numerose (una quindicina) teorie piú recenti sull'apprendimento, soprattutto riviste alla luce della psicopedagogia, che per sua natura è scienza 'integrativa' in funzione della prassi educativa.

In tale prospettiva è piú fruttuoso parlare di 'unità di apprendimento' o 'ciclo di apprendimento', un processo di compartecipazione interattiva di insegnante e alunno, anche se ovviamente esso ha come suo fulcro l'organismo e la personalità dell'alunno. Un 'matema', nella terminologia di Titone (1973, 1976), è costituito precisamente da un ciclo minimo di apprendimento, ossia da un processo di acquisizione chiaramente definibile sia oggettivamente (argomento o capacità definibile con precisione nel quadro di un programma di studio o di un sistema di compiti) sia soggettivamente (disposizioni individuali del discente, ritmi, interessi, bisogni). In tal senso, un 'matema' non è riducibile a precisi periodi temporali (l'ora di lezione), né a una unica forma di operazioni (l'esposizione e l'esercizio di tipo esclusivamente verbale): esso implica una varietà di processi, in cui, pur dominando una modalità, ad esempio, quella cognitiva, sono coinvolte tutte le funzioni dell'organismo fisio-psichico, dal piano neurologico a quello psichico-superiore.

Inoltre, un tale concetto non si può prestare alle frequenti confusioni pratiche, che identificano apprendimento con semplice memorizzazione (percettivo-motoria), o apprendimento con semplice informazione o ricezione di messaggi, o anche apprendimento con qualsiasi non ben definita mutazione di stati o processi nell'organismo.

La modificazione, esternamente verificabile, che 'segnala' l'avvenuto apprendimento, implica un'intera ristrutturazione, definibile come una acquisizione di tipo *assimilativo* (e pertanto caratterizzata da stabilità e da profondità) di conoscenze, atteggiamenti e abilità, nel contesto di una *interazione* (individuo/cultura) finalizzata allo sviluppo della personalità. Si tratta, ovviamente, di una definizione valida nel quadro dell'*educazione*, in cui si inserisce l'istruzione propria della scuola di base. La valutazione di una 'maturità scolastica terminale' non può prescindere da una concezione 'olistica' dell'apprendimento, che manifesti in altri termini una diffusa abilità di 'transfert' nelle capacità cognitive fondamentali (ad esempio, nelle capacità di analisi e sintesi di materiale strutturato o nelle capacità di soluzione dei problemi).

Vari modelli sono stati avanzati sia per l'analisi (descrittiva ed interpretativa) dei processi di apprendimento scolastico (Modelli Psico-matetici, come il modello gerarchico di R. Gagné o il modello olodinamico di R. Titone), sia per la progettazione e la direzione/esecutiva di serie di operazioni finalizzate all'apprendimento scolastico (Modelli Psico-didattici, come i vari schemi di ristrutturazione del processo didattico, tra cui la 'lezione'). La proposta, che viene qui formulata, si riferisce a un tipo di modello psico-didattico, chiamato 'modulare' per le sue caratteristiche salienti di flessibilità e circolarità.

1. *Perché un Modello Modulare dell'istruzione?*

Non si vuole ripetere l'errore di Herbart postulando che esista una mente universale, che apprende seguendo tappe immutabili e presenti in ogni atto intellettivo di conquista della realtà conoscitiva. Se è pur vero che la mente umana presenta caratteristiche universali nella sua struttura essenziale e —se ammettiamo l'approccio evolutivistico di Piaget o lo schema delle forme di rappresentazione di Bruner— anche nel suo processo di sviluppo, l'atto didattico appare tuttavia sempre condizionato da vincoli e determinanti concreti, propri sia del singolo discente che apprende sia della situazione didattica —intricatissima al suo interno e all'esterno— in cui ogni atto di interazione didattica ha luogo. La 'modularità' si pone quindi all'opposto dei 'gradi formali' di Herbart, anche se accoglie nella sua dinamica una varietà di 'elementi fissi' o 'modulari', dettati da un'analisi dell'*iter* di apprendimento piú comunemente verificabile. Il modello modulare può essere cosí caratterizzato:

a) Un insegnamento è modulare, quando sia caratterizzato dalla reversibilità e intercambiabilità delle fasi di istruzione. Ciò significa che la posizione di ciascuna fase fondamentale può venire mutata o rovesciata rispetto a quella di ciascuna altra fase. Anche se, teoricamente, le fasi istruttive si dispongono in un ordine ottimale, particolari esigenze di approfondimento o di recupero possono permettere, o addirittura richiedere, un ordine diverso delle sequenze.

b) Un insegnamento è modulare, se i ruoli istruttivi sono reversibili. L'insegnante offre il primo stimolo alla reattività dell'alunno; ma poi egli può —o deve— diventare reattivo agli stimoli rimandati dall'alunno, e così via. Sia il docente che il discente diventano alternatamente stimolatori e reattori.

c) Un insegnamento è modulare, se ciascuna fase istruttiva resta compresente mentre ciascun'altra viene sviluppata. Ovviamente, mentre una particolare fase è messa a fuoco, le altre sono attive soltanto in grado ridotto.

d) La natura ciclica dell'insegnamento modulare è una caratteristica generale del processo, in quanto fasi e ruoli non si giustappongono in maniera lineare ma si sviluppano gli uni dagli altri quasi a modo di generazione organica. Lo sviluppo di ciascuna fase ha luogo a spirale ed è virtualmente illimitato (apprendimento 'aperto'). Ciascuna fase o segmento di apprendimento vanno visti piú come una molecola germinale protesa verso successivi sviluppi che come una monade isolata o una entità autosufficiente. L'apprendimento è un processo operante mediante la differenziazione e l'integrazione dei processi e dei contenuti: è, in senso profondo, un *continuo biologico*; non è una accumulazione o aggregazione di unità separate.

2. *Ciclo Matetico e Modello Modulare*

Il modello qui presentato deriva da una concezione articolata del ciclo degli apprendimenti di base, o 'ciclo matetico', quale appunto si può riscontrare nell'acquisizione della lingua orale, della lettura, della matematica, delle conoscenze scientifiche elementari, ecc. La sua applicazione ha avuto luogo soprattutto nel campo degli apprendimenti linguistici, a livelli diversi (ricupero della lingua orale e della lettura in bambini handicappati di secondo ciclo elementare; insegnamento della grammatica italiana nella scuola media; insegnamento delle lingue straniere sia nella scuola primaria che nelle scuole secondarie; ecc.). La sua applicazione si è dimostrata una garanzia di organicità e insieme di intensività nell'insegnamento.

Come si è detto, il modello didattico rappresenta una diretta derivazione da un modello matetico, che include —prendendo lo spunto dal concetto cibernetico di Miller, Galanter e Pribram (1960)— una sequenzializzazione di piani operativi. Tali piani, o fasi, —'micromatemi'— implicano una incoazione del processo a livello cognitivo (comprensione dell'oggetto o del compito a livello globale), una stabilizzazione o fissazione delle strutture acquisite mediante rinforzo, e infine una ripresa cognitiva (*feedback*) a completamento del processo di acquisizione.

Lo schema del Ciclo Matetico è rappresentato dalla sequenza di fasi collocate nell'ordine seguente:

CICLO MATETICO		
0. Mi $\Uparrow$	$/B \Rightarrow Is \Rightarrow A+ \Rightarrow In \Rightarrow D$ / (=processo dinamogenetico)	
1. C$_1$ $\Uparrow$	$//$ G/ sincr $\Rightarrow$ intz/ A/dist $\Rightarrow$ o. seq. $\Rightarrow$ interaz./ S/ ristr $\Rightarrow$ an/ $//$	T$_1$
2. Rf $\Uparrow$	$//$ Es$_1$ /Contl $\Rightarrow$ microstr $\Rightarrow$ macrostr/—Ef... $\Rightarrow$ Es$_n$/Contl$\Rightarrow$ microstr$\Rightarrow$ macrostr $///$	$\Downarrow$ O $\Downarrow$
3. C$_2$	$//$ e-val$\Rightarrow$ a-val $// \Rightarrow // $ T$_1 \Rightarrow$ T$_2 \Rightarrow$ E $//$	T$_2$ $\Downarrow$ E

La formula, implicita nell'intiero processo, è quella di Miller, Galanter, Pribram: TOTE (Test-Operate-Test-Exit). Essa si legge sia verticalmente, partendo dalla fase C_1 e scendendo attraverso la fase Rf e la fase C_2, sia orizzontalmente, nel senso che nella fase C_2 si riepiloga, a modo di feedback interiore, l'intero processo TOTE. L'importanza delle due fasi cognitive (iniziale e finale) è data dal peso riconosciuto dalla psicologia cognitiva ai processi di percezione-comprensione- consapevolizzazione, a livello sia analitico che sintetico. L'importanza della fase di rinforzo, ai fini della stabilizzazione mnesica, è ben facilmente riconosciuta, e non soltanto dalla psicologia comportamentistica. Ma non va svalutata la funzione della pre-fase (o fase O) legata alla motivazione iniziale, che costituisce la sorgente dinamogenetica di tutto il processo e di ciascuna fase dell'*iter* di apprendimento: in quanto tale, non si riduce a un fattore puramente incoativo o scatenante, ma costituisce una forza latente e presente in modo continuo lungo tutto il cammino dell'apprendere, ricaricandosi passo passo mediante le stimolazioni interne fornite dal successo nelle singole fasi (*progressive achievement*).

Fase 0. Il processo dinamogenetico, previo all'apprendimento, costituisce la Motivazione iniziale (Mi). Esso si articola in una serie di fattori, in gran parte latenti, che si generano a catena: il bisogno (B), biologico, psicologico o sociale, genera un interesse (Is), che rappresenta il passaggio dall'inconscio al conscio (v. le tesi funzionalistiche di Dewey e Claparède); l'interesse, latente o esplicito, immediato o mediato, genera un atteggiamento positivo (A+) verso l'oggetto da apprendere e il sistema di mezzi possibili che ne mediano l'attingimento; l'atteggiamento positivo genera un'intenzione (In) di procedere o comunque di agire conseguentemente; l'intenzione *può* (qui sta il salto probabilistico, secondo i diversi gradi di entropia) generare una decisione (D), che attualizza il passaggio definitivo all'azione. Gli studi sui processi decisionali condotti da Hans Thomae (1964) sono sufficientemente illuminanti e probanti circa la plausibilità di questa spiegazione. Come detto sopra, la motivazione, se è un fattore iniziante *sine qua non,* rimane determinante in ciascuna fase o momento del processo di apprendimento: anzi, il processo è tanto piú 'giusto' ed efficace quanto piú è in grado di rigenerare la forza motivazionale, che addirittura dovrebbe —come nei 'compiti aperti'— trasmettersi al di là di un primo processo, spingendo l'organismo a nuovi apprendimenti (apprendimento a spirale aperta).

Fase 1. Si tratta di una prima presa cognitiva dell'oggetto (nozione o compito). Tale presa cognitiva si evolve da uno stadio (o microfase) di indistinzione del tutto, o globalizzazione (G), che implica due sottofasi: sincretizzazione, ossia percezione confusa della totalità dell'oggetto; e intuizione, o percezione individuante della totalità in quanto distinta da altre totalità (identificazione dell'oggetto in quanto tale).

La percezione globale si chiarisce attraverso l'analisi (A), ossia la discriminazione delle parti dell'oggetto, seguendo le operazioni di distinzione interna (delle singole parti), di identificazione dell'ordine sequenziale (delle parti tra loro), di interazione delle medesime parti nell'ambito del tutto (il tutto come 'campo' di forze).

Infine, l'analisi percettiva si ricompone nella sintesi (S) delle parti nella totalità, anzitutto ristrutturando il tutto nell'integrazione delle sue componenti, e quindi integrando (animazione) l'oggetto percepito e compreso nella viva totalità del comportamento del conoscente. È un primo grado di 'assimilazione' del nuovo nella massa 'appercettiva' preesistente.

Fase 2. È riscontrato che al termine della microfase di sintesi (S) l'apprendimento ha avuto luogo ed è constatabile una sufficiente durata della ritenzione. Tuttavia, una sicura stabilizzazione, indicativa di una avvenuta assimilazione in profondità, richiede un passo successivo, e cioè una serie di ben scelte operazioni di *rinforzo* (Rf). Il termine di rinforzo è preso qui in un senso piú lato di quello datogli dalla teoria S-R, ossia come inclusivo sia degli effetti della ripetizione automatizzante sia degli effetti della gratificazione (rinforzo positivo). In termini scolastici tradizionali, assume la funzione di rinforzo qualsiasi forma di esercizio (Es) appropriato allo scopo (che può essere generalmente o di correzione, o di consolidamento, o di sviluppo di conoscenze e/o abilità ben determinate) e collocato in stretta connessione con la percezione e comprensione del compito. L'efficacia operativa dell'esercizio è mediata dall'effetto positivo (Ef), cioè dalla riuscita nella esecuzione del compito, e viene perseguita mediante esercizi sempre più appropriati fino al punto della esecuzione ottimale, mediata da effetti adeguatamente rapportati all'obiettivo finale fino all'ultimo esercizio richiesto (Esn). È importante, in vista di una ottimizzazione dell'esercitazione, definire le modalità concrete di funzionamento e di inserimento dell'esercizio. Esse sembrano ridursi alle seguenti tre condizioni:

a) *contestualizzazione*, ossia l'inserimento del singolo esercizio o batteria di esercizi in un contesto o epistemico (un sistema di conoscenze coerente con lo stadio cognitivo del soggetto) o pragmatico (una situazione di vita coerente con la dinamica affettiva e sociale del soggetto);

b) *microstrutturazione*, vale a dire una concentrazione iniziale sugli elementi-chiave, o elementi-problema, di un dato compito, momentaneamente focalizzati ed eventualmente isolati dalla totalità del compito stesso allo scopo di sottoporli al meglio dell'attenzione e dello sforzo;

c) *macrostrutturazione*, che implica una reintegrazione di detti elementi nel tutto, in quanto il comportamento (e quindi l'apprendimento) rappresenta una totalità viva, e può operare soltanto nell'atto di sintesi.

Fase 3. L'apprendimento 'umano', essendo ultimamente un processo di concettualizzazione e di razionalizzazione dei dati esperienziali che va al di là della informazione data e al di là dello stadio percettivo, richiede una fase terminale di 'consapevolizzazione' o di presa cognitiva a livello 2 (C2). Si tratta di un feedback di natura cognitivo-concettuale, ossia di una presa di coscienza 'critica' dei contenuti del proprio apprendimento. È dunque essenzialmente un momento di 'valutazione', dapprima fornita dall'educatore o dalla persona specificamente competente, 'etero-valutazione' (e-val), e poi acquisita dal soggetto stesso, diventato capace di 'auto-valutazione (a-val). I concetti di 'correzione', di 'valutazione formativa', e simili, in quanto intrinseci al processo di istruzione-apprendimento, rientrano in questa fase. È proprio in questa fase che ha luogo un processo rapido di sintesi e di interiorizzazione dell'intero *iter* di apprendimento, in altre parole, una interiorizzazione del processo TOTE. Da questo momento nasce l'autonomia dell'apprendere, ovviamente in un settore specifico dapprima e solo dopo trasferibile in altri settori (*transfer of training*), vale a dire la 'capacità di continuare a imparare' da soli. Uno stadio, quindi, di 'maturità' particolare, che, integrandosi con altre forme e altri stadi di maturità, giungerà a costituire la 'maturità' dell'adulto (*adultus* = colui che è cresciuto).

A questo punto, conviene richiamare la caratteristica di 'modularità' del processo come reversibilità e ricomponibilità delle tre fasi essenziali. Un matema può partire normalmente —presupposta naturalmente la Mi (fase O)— da C1 e arrivare a C2 tramite la mediazione di Rf. Ma ci sono situazioni, in cui si può tentare una iniziale verifica di eventuali apprendimenti preesistenti mediante una valutazione (C2), e procedere conseguentemente, secondo i risultati accertati, o a Rf, nel caso esista un possesso incerto, bisognoso di consolidamento, o a C1, nel caso l'accertamento indichi l'assenza di un dato apprendimento, e perciò la necessità di ripartire da capo.

La gradualità e l'intensività di questo schema matetico lo avvicinano assai alla concezione del *mastery learning* e, sul piano operativo-didattico, ne permettono la traduzione in una serie di precisi algoritmi e in forme di istruzione programmata.

3. Un esempio di applicazione del modello modulare ad una unità didattica di italiano L2

Possiamo prendere a esempio una Unità Didattica (o Matema) di italiano a livello medio. L'argomento —tratto da una situazione stagionale— potrebbe essere l'albero di Natale e ciò che ci sta sotto.

La prima fase —quella che si può chiamare fase "cognitiva-iniziale"—, volta a introdurre alla conoscenza dell'argomento e della sua veste linguistica (strutture, vocaboli, funzioni, usi linguistici tipici), potrà consistere in un dialogo, dapprima presentato nella lingua nativa degli studenti e poi spiegato nelle sue parti nuove o difficili. Sarà quindi presentato nella sua totalità nella L2 (italiano), e poi gradatamente ripresentato parte per parte, cosí da renderlo digeribile. La micro-fase 1/1 mirerà anzitutto alla percezione globale del senso, dopo aver motivato l'allievo in maniera opportuna. Occorrerà far sì che tutti gli allievi giungano a capire il senso prima generale e poi particolare del brano, attraverso opportune domande. Dopo di che si avvierà tutta la classe, e poi gruppi minori, e infine i singoli allievi, a ripetere, in forma di drammatizzazione, l'intero dialogo.

La micro-fase 1/2 consisterà —mediante l'"analisi operativa'— nel familiarizzare gli allievi con strutture lessicali e grammaticali particolari, e questo mediante esercizi di comprensione e di prima applicazione. Si tratta, anzitutto, di analisi di tipo 'operativo', ossia basata sulla esecuzione di esercizi di comprensione e familiarizzazione. Solo in un secondo momento, le caratteristiche costanti e tipiche della lingua (grammatica) saranno esplicitate e ricapitolate, anche mediante opportuni schemi, in un momento di vera 'riflessione grammaticale', che potrà anche aver luogo in un secondo ciclo, successivo a questo primo contatto.

La micro-fase 1/3 —denominata 'sintesi operativa'— consisterà nel riepilogo o nella riproduzione o nella creazione di un brano simile (un dialogo leggermente variato), cosí da permettere di cogliere nuovamente la totalità del discorso.

La seconda fase —'fase di rinforzo'— avrà come scopo il consolidamento delle strutture linguistiche acquisite durante la prima fase. Sarà il momento dominante dell'esercitazione, scegliendo vari tipi di esercizi secondo le esigenze del materiale di apprendimento: esercizi di correzione, di consolidamento, di sviluppo; esercizi strutturali e/o situazionali. Tra gli esercizi piú tipicamente strutturali si hanno quelli di pronuncia e di intonazione, in quanto focalizzano elementi molecolari della lingua sul piano fonetico-fonologico, oppure esercizi di fissazione delle strutture morfologiche e sintattiche, esercizi tutti che devono mirare alla formazione di veri e propri automatismi verbali.

Ma si sfugge al pericolo del meccanicismo, passando alla terza fase —'la fase di controllo'—. Qui la valutazione dell'insegnante, integrata da opportune correzioni, se del caso, e una piú avanzata auto-valutazione, che presuppone nell'allievo un certo 'senso della lingua' e una prima coscienza linguistica, avranno come effetto quello di promuovere una presa di coscienza, da parte dell'allievo, del funzionamento tipico della lingua, e quindi un dominio consapevole delle scelte linguistiche secondo le intenzioni e le funzioni della comunicazione. Un segno di questa acquisita consapevolezza è senza dubbio la capacità di produrre espressioni corrette e appropriate, ma anche di scoprire da soli errori o di completare frasi incomplete. Per questo gli esercizi di controllo possono basarsi su queste e simili forme di applicazione.

Sulla scorta di queste indicazioni, si potrebbe esaminare un esempio di lezione, tratta dal testo di *Italiano per Stranieri* di K. Katerinov e M. C. Boriosi Katerinov.

Conclusioni

Quanto detto circa l'orientamento glottodidattico in riferimento all'insegnamento dell'italiano come lingua etnica, ci conferma nella convinzione che un metodo sorgente dalla preoccupazione di formare le abilità di tipo comunicativo in situazioni il piú possibile naturali, deve però non sminuire l'importanza di guidare l'alunno —soprattutto se adolescente o adulto— ad una graduale presa di coscienza dell'uso linguistico nei suoi fondamenti strutturali e funzionali. Il che non si identifica con la vecchia e metodologicamente superata tradizione dell'insegnamento di una grammatica astratta, formale, a sé stante; vuole invece significare che, partendo dai fatti linguistici concreti e posseduti, si dovrà indurre la mente dello studente a rendersi conto delle regole fondamentali, che controllano e dirigono l'uso stesso della lingua come veicolo di efficace comunicazione.

Sarà questa avvertenza pedagogica ad assicurare anche lo sviluppo di abilità metalinguistiche e metacognitive indubbiamente preziose ai fini della formazione intellettuale e sociale dell'individuo, visto come totalità personale di capacità dinamiche di pensiero, sentimento e azione.

Università di Roma "La Sapienza"

Riferimenti bibliografici

Austin , J. (1962), *How to do things with words*, Oxford, Oxford Univ. Press.

Burt, M. e Dulay, H. (1980), "On Acquisition Orders," in *Second language deuelopment. Trends and Issues*, a cura di Sascha W.F., Tübingen, Narr, 265-327.

Butzkamm, W. e Dodson, C. J. (1980), "The Teaching of Communication: from Theory to Practice," *IRAL*, XVIII/4, 289-310.

Carroll, B. J. (1980), *Testing Communicative Performance: an Interim Study*, London, Pergamon Press.

Dodson, C. J. (1967, 1972), *Language Teaching and the BilingualMethod*, London, Pitman Publishing.

Glagolev, V. N. (1978), "La base extralinguistica della costruzione della proposizione nel discorso", *RILA (Rassegna Italiana di Linguistica Applicata)*, 1, 21-37.

Jarvis, G. A. (1968), "A Behavioral Observation System for classroom foreign language skill acquisition activities," *Modern Language Journal* 52, 335-341.

Katerinov, K. e Boriosi Katerinov, M. C. (1981), *Lingua e Vita d'Italia*, Milano, Bruno Mondadori, 187-192.

Littlewood, W. T. (1975), "The Acquisition of Communicative Competence in an Artificial Environment," *Praxis des neusprachlichen Unterrichts*, 22, 13-21.

Miller, G. A., Galanter, E. e Pribram K. (1980/1960), *Plans and the Structure of Behavior*, New York, Holt.

Prator, C. H. (1972), "Development of a manipulation-communication scale," in *Readings on English as a Second Language*, a cura di Croft K., Cambridge, Mass, Winthrop Publishers.

Rommetveit, R. (1979), *Struttura del messaggio*, Roma, Armando.

Stevick, E. W. (1976), *Memory, Meaning, and Method*, Rowley, MA, Newbury House.

Tacke, O. (1923), *Der Sprachunterricht muss umkehren*, Leipzig.

Thomae, H. (1964), *Dinamica della decisione umana*, trad. di Albino Ronco, Zurich, Pas-Verlag, tit. orig. *Der Mensch in der Entscheidung*, 1960.

Titone R. (1974), *Modelli psico-pedagogici dell'apprendimento*, Roma, Armando.

____. (1976), *Psicodidattica*, Brescia, La Scuola.

____. (1980), "Dalle grammatiche funzionali alla 'performance grammar'", *Quaderni di metodologia dell'insegnamento dell'italiano a stranieri* 3.

____. (1980), *La glottodidattica. Un profilo storico*, Bergamo, Minerva Italica.

____. (1987), *L'apprendimento educativo*, Roma, Bulzoni.

van Ek, J. A. (1977), *The Threshold Level for Modern Language Learning in Schools*, London, Longman.

Vjatjutnev, M. N. (1980), "L'indirizzo comunicativo nell'insegnamento della lingua russa nelle scuole straniere" (trad. dal russo di C. Lasorsa), *RILA* (*Rassegna Italiana di Linguistica Applicata*), XII, 3.

Von Baeyer, C. e Sutton M. (1980), "An overview of functional teaching in ESL," *Médium*, 5, 4, 93-97.

Wilkins, D. A. (1976), *Notional syllabuses*, Oxford, Oxford Univ. Press, (trad. ital. Bologna, Zanichelli, 1978).

Quale italiano insegnare?

Giancarlo Oli

Non vi darò aiuti in campo didattico, epistemologico, né tanto meno psi-colinguistico. Solo alcune considerazioni, che spero siano adeguate all'importanza dell'avvenimento. Io ho appena preparato la terza edizione del mio dizionario: per rifare un dizionario è necessario ripercorrere piú o meno in fretta, con stanchezza, con noia le parole (piú o meno 120.000), le correzioni, le aggiunte (moltissime), lavorando senza metodo, piú da spettatori che altro. Da spettatore ho visto cosa succede nella lingua italiana. Ho consultato anche persone competenti, ma alla fine, per poter discutere, sono venuto in Canada. In Italia il dialogo non ha funzionato troppo bene, perché siamo attaccati a certe posizioni secolari in ambito accademico. Bisognerebbe essere *flexible,* ma anche il mio amico Giovanni Nencioni, presidente dell'Accademia della Crusca, organismo sovrano, non è abbastanza *flexible.* Qui in Canada sono uscite cose interessanti.

Io ero venuto col mio discorso schematizzato cosí: italiano letterario ed italiano comune, la koinè. Invece ad Hamilton, con l'amico Erasmi è uscito un discorso articolato: ci sono l'italiano letterario, la koinè, i dia-letti, l'italiano della comunicazione quotidiana, cioè la koinè piú l'ac-cento dialettale. La domanda quindi non è oziosa, anzi è molto stimo-lante: quale italiano insegnare? Scusate il disordine con cui procedo, io non ho l'abitudine di scrivermi le cose. Ci sono colleghi in molte univer-sità che si lamentano perché molti giovani chiedono solo un italiano a li-vello frivolo, turistico, di conversazione. Per me, come vedremo, la giu-stificazione dell'apprendimento dell'italiano è piú seria ed è l'unica possibile. L'italiano è consistito, ed è rimasto, ad uno stadio letterario per sei secoli. Nato come lingua artificiale di esercitazione letteraria, tale è rimasto per lungo tempo. Lo si vede dalla lessicografia, dal cinquecen-tesco Calepio alla benemerita Crusca degli inizi del Seicento; si vede che è una lingua fatta sugli scrittori, che registra le parole degli scrittori, che a loro volta sono consacrati dal consenso dei dotti, specialmente gli Ac-cademici della Crusca, molto rigidi. Qui c'è un professore di Siena —non lo conosco personalmente— che ricorderà senz'altro uno scrittore del Seicento-Settecento, senese, Girolamo Gigli, drammaturgo tra i piú sug-gestivi, che in un suo vocabolario aveva osato presentare la lingua di un'altra grande straordinaria scrittrice senese, S. Caterina. Questo vocabolario cateriniano fu bruciato sulla piazza dal boia, a Firenze, per ordine degli Accademici della Crusca. La vicenda della Crusca si conclude agli inizi dell'Ottocento con la Crusca veronese dell'abate Cesari. La Crusca è legata ad un sistema molto formale ed arcaico di individuazione e definizione delle parole: per esempio la "segretaria" è la "donna a cui si confidano i segreti" e viene citato Tasso quando dice che Erminia tra i pastori fece "segretari i boschi del suo dolore".

Nella seconda metà del XIX secolo arriva una lessicografia piú compromessa col parlato, perché una cosa era l'italiano scritto, altra quello parlato, esclusivamente dialettale. Si era verificato un evento, giudicato in vari modi, ma che il Paese non ha ancora digerito e di cui paga le conseguenze: l'Unità d'Italia. I risorgimentali, anche persone intelligenti, Manzoni per esempio, pensano che ad una nazione, che in realtà c'era e non c'era, dovesse corrispondere una lingua. Si sarebbe piú nel vero se l'idea di nazione si facesse seguire a quella di lingua. In parte secondo i desideri di Manzoni nacque la nuova lessicografia, per esempio il *Novo Vocabolario della Lingua Italiana* (notate quel "novo" invece di "nuovo"), redatto da molti bravi uomini, tra cui Giovan Battista Giorgini, il genero di Manzoni. Manzoni ragionava cosí: la storia dimostra che il fiorentino è la lingua di riferimento dell'italiano (ma questo non è vero, perché il popolo fiorentino ha parlato diversamente dai *Rerum Vulgarium Fragmenta* di Petrarca e dal *Decameron* di Boccaccio; ha parlato come Dante, ma solo quello dell'*Inferno* e del *Purgatorio*, non del *Paradiso*). Ammettiamo che i trecentisti abbiano (anche questo non è vero) trascritto il linguaggio che le loro orecchie sentivano dal popolo; allora anche noi, oggi, trascriviamo il linguaggio dei fiorentini — naturalmente il linguaggio dei fiorentini della seconda metà del secolo scorso, e io i fiorentini della seconda metà del secolo scorso ve li raccomando. Anche oggi, il fiorentino lo si può riconoscere e a volte ascoltare con piacere; anch'io sono fiorentino, ma parlo male, con la gorgia, eccetera, mi sembra di parlar male, è un vernacolaccio. La lessicografia viene fuori con opere belle e significative (Rigutini-Fanfani). Una, in particolare, un'opera in due volumi dell'ultimo Ottocento, di Policarpo Petrocchi da Cireglio —in provincia di Pistoia— opera davvero notevole per il suo valore letterario: è un dizionario senza definizioni, in cui le parole sono definite attraverso citazioni ed esempi. È un sistema che ha grandi vantaggi. Anche noi lessicografi comuni combattiamo con le definizioni, cosa non semplice, perché c'è un bagaglio formale e formalistico che è un difetto di tutti i vocabolari, anche del Webster, che è il migliore al mondo: è quell'abitudine di rimandare dal verbo al sostantivo, eccetera, considerando le parole come una famiglia, per cui si andava dalla mamma al cugino allo zio e si finiva all'amante della mamma.

Trenta anni fa Devoto ed io cominciammo a lavorare per fare il vocabolario della lingua italiana. Un vocabolario che andava per la maggiore (anche ora, rimpolpato e modificato), lo Zingarelli per non far nomi, per "macerie" aveva la definizione "rovine di muro rovinato". Il meritorio, glorioso Treccani, con il *Dizionario Enciclopedico della Lingua Italiana* in 12 volumi, e con il solo *Vocabolario della Lingua Italiana* in sei, è il massimo prodotto della lessicografia italiana che tutti dovrebbero avere specialmente per le voci tecnico-scientifiche; ma anche lí c'è una definizione come "aperto: non chiuso". Non è una cosa semplice. Quando si fa un vocabolario, si cercano le parole a cui ogni singola parola si può associare, poiché le parole sono soggette ad associarsi. A proposito di associarsi, voi che vivete in America sapete tutto sulla Teoria dell'Informazione —che è una grande scoperta— che ci dice che l'informazione è maggiore quanto minori sono le probabilità che una parola si associ con un'altra. Serve anche a spiegare la poesia: quando Manzoni dice "mirabili veggenti che narrarono il futuro", nessuno si aspetta l'associazione di 'narrare' con 'futuro', e questo dà un maggior carico di informazione ed anche di poesia.

Lavorando ad un vocabolario, si fanno ventagli di esempi da cui si tira fuori il significato, la definizione. Il difetto macroscopico dell'italiano contemporaneo comune è dovuto all'operazione di svecchiamento avvenuta 50 anni fa, che fu violenta, assai sbilanciata, imprevedibile, ed io adesso non so prevedere, non so come andrà a finire. Oggi l'italiano della stampa, della TV, dello sport non fa attenzione al processo di associazione, al costruirsi della lingua. In TV capita di sentire, nel modo formalistico e sciocco di certo lessico, "esame cadaverico", perché si fa l'associazione 'cadavere=cadaverico, di, del cadavere'.Invece 'cadaverico' si associa ad altre aree semantiche, e l'esame deve essere 'necroscopico'. È necessaria quella che i maestri di una volta chiamavano, senza tante prosopopee, la proprietà.

Adesso voglio dire due parole sul destino dell'italiano. Sono dovuto scappare dall'Italia —naturalmente scherzo— perché avevo alle calcagna la sbirraglia della TV perché mi ero lasciato (e mi lascio) sfuggire che non mi piace l'italiano comune. De Mauro può essere felice che esista, che l'Italia parli tutta la stessa lingua —si piglia una pennellessa e si dà un solo colore all'Italia— ma io non sono d'accordo. Hanno fatto una guerra spietata, un vero massacro, ai dialetti, alimentando le credenze piú stolte: in Sardegna per esempio propagandavano l'idea che la lingua del paese fosse dequalificante socialmente; hanno affidato ai mass-media, senza discriminazione, il destino di questa lingua, nata, sbocciata improvvisamente, senza tener conto delle sue origini letterarie, che ancora tuttavia serpeggiano sotto la lava rafferma dell'italiano comune. È un problema di cui io soffro.

Molti si stracciano le vesti perché arrivano i prestiti in quantità massiccia. Effettivamente sono 5.000 all'anno i neologismi, e per neologismi intendo soprattutto prestiti. Ma il problema è che fino a tutto il secolo scorso essi entravano pacifici, adattati secondo il modo di procedere fiorentino. Il fiorentino è —o era— una lingua che non ammette parole che terminano in consonante, come capita alla maggior parte delle parole straniere, che venivano adattate foneticamente e morfologicamente al fiorentino. Quando diciamo "bistecca", "giacchetta", "sciampagna", "fiacchere" non si pensa alla parola straniera. Si faceva in questo modo, finché si arrivò alla parola discriminante, agli inizi del Novecento, cioè "film", che non è piú inglese e non è ancora italiano. In italiano, la "i" breve non c'è (c'è solo in alcuni dialetti marchigiani). Cominciamo quindi a dire "film". Per convenzione si evita la "s" del plurale, morfema inglese che non si poteva appicciccare ad una parola italiana. Anche questo comunque è stato proposto da uno scrittore illustre come Alberto Arbasino, tanto per non far nomi. In fiorentino però abbiamo "filme/i", e il popolaccio lo dice ancora ma chi lo usa oggi si qualifica in un modo un po' discutibile. Questo è il problema piú grande: il fiorentino è stato emarginato, la lingua è stata emarginata in parallelo al degrado della città che, credetemi, è disgustoso. Hanno avuto il sopravvento i due poli di Milano e Roma, specialmente Milano. Questo spiega, per esempio, "computer": non abbiamo alcuna traduzione; ci abbiamo provato 30 anni fa con "elaboratore elettronico" ma non ci siamo riusciti per motivi di economia linguistica. L'uomo è pigro (per fortuna...) e preferisce usare una parola invece di una locuzione. "Computer", pronunciato "compiuter", sembra venire tale e quale fuori dal sistema fonetico milanese.

Il problema è grave. L'italiano è in recessione e mi è sembrato strano che ieri sera in questa stanza si sia detto che è in espansione: non so da quali dati si possa ricavare ciò, forse da quelli di qualche misterioso computer...

È curioso che l'italiano fosse in espansione quando era lingua letteraria: nel Settecento-Ottocento era lingua franca nel bacino del Mediterraneo, la sua terminologia e la sua letteratura musicale era diffusa in tutta Europa, basti pensare ai libretti di Mozart. Ora però devo chetarmi; ci sono sempre elementi contraddittori quando si parla d'italiano. La conclusione, anche se platonica od azzardata (ma siamo tutti un po' platonici, se no non faremmo questo mestiere, voi non insegnereste, e io non farei un vocabolario, piuttosto mi costruirei un carro armato...), l'unica giustificazione vera per lo studio dell'italiano —e bisogna studiarlo bene, per cogliere gli echi, o, se volete parlare all'americana, le connotazioni della lingua— è quella di studiarlo per studiare la letteratura italiana che, indipendentemente dai computer della Farnesina, è vera, grande, esemplare, ci fa sorridere e soffrire, ci aiuta davvero, anche in momenti di contingenza, a vivere, forse meglio dei bulloni della Uno.

Firenze

Riferimenti bibliografici

Devoto, G. e Oli, G. C. (1990, 1971), *Il dizionario della lingua italiana*, Firenze, Le Monnier.

Dizionario enciclopedico italiano 1955-1961, Roma, Istituto della Enciclopedia Italiana.

Fanfani, P. (1855), *Vocabolario della lingua italiana*, Firenze.

Gigli, G. (1717), *Vocabolario Cateriniano*, Lucca.

Giorgini, G. P. e Broglio, E. (1870-1897), *Novo vocabolario della lingua italiana secondo l'uso di Firenze*, Firenze, Cellini, 4 voll.

Petrocchi, P. (1887-1891), *Novo dizionario universale della lingua italiana*, Milano, Treves, 2 voll.

Rigutini, G. e Fanfani, P. (1875), *Vocabolario italiano della lingua parlata*, Firenze, Tip. Cenniana.

Vocabolario della lingua italiana 1986-1994, Roma, Istituto della Enciclopedia Italiana.

Vocabolario della lingua italiana compilato da Nicola Zingarelli, 7a ediz. interamente riveduta, Bologna, Zanichelli, 1956.

Italiano: crescita zero?
Presenza e problematiche dei prestiti inglesi in italiano

Salvatore Aronica

L'Italia è il paese in cui nascono meno bambini: l'immancabile statistica pubblicata qualche tempo fa con grande rilievo da tutti i quotidiani, profetizzava l'estinzione della stirpe italica entro il secondo secolo del venturo millennio. Nel dibattito culturale, come nel senso comune, il tema è presente, a volte accanto a quello parallelo della "sopravvivenza" della lingua italiana, che tanti vedono languire, sottoposta a quella che appare una vera invasione di termini stranieri, in maggioranza provenienti dall'inglese. In effetti, tra le grandi lingue di cultura europee, la nostra sembra quella piú arrendevole al fascino planetario dell'idioma britannico. Non ha la forza autoreferenziale e la tradizione di studi linguistici del tedesco, non ha il senso di *grandeur* e la nostalgia di un passato glorioso come il francese —tradotti anche a livello legislativo (basti pensare, senza andare troppo lontano, alla politica linguistica del Québec)—, non ha mezzo continente a conferirgli una dimensione internazionale, come accade allo spagnolo col Sud America.

Figlio prediletto del latino, lingua di grande cultura letteraria e scientifica, l'italiano ha sofferto del suo status di lingua senza parlanti, di strumento di comunicazione nazionale noto per secoli solo ad una minoranza di abitanti della penisola. In questa condizione cosí particolare risiede, credo, una della ragioni che stanno alla base della permeabilità dell'italiano: diventata veramente di massa solo nel secondo dopoguerra, e divenuta tale non solo con la scuola, ma grazie anche al decisivo contributo dei mezzi di comunicazione di massa, come ben mostra De Mauro nella sua *Storia linguistica dell'Italia unita*, la nostra lingua ha, in un certo senso, pagato questa crisi di crescita assumendo a modello di prestigio l'idioma che proprio tramite i mass-media ha affermato il proprio ruolo dominante di lingua franca internazionale, vale a dire, appunto, l'inglese. Naturalmente, non sono mai mancati prestiti da altre lingue (e la Crusca, il purismo sono stati anche fenomeni di reazione contro questa tendenza); tuttavia le infiltrazioni dei secoli passati, in particolare dal francese, pur avendo avuto una grande influenza sullo sviluppo dell'italiano, non possono essere paragonate, a causa delle mutate condizioni sociolinguistiche, alla fioritura di termini inglesi o americani che entrano quotidianamente in italiano. Per molti, addirittura, l'inglese sembra aver assunto il ruolo di "lingua unica" di provenienza dei termini stranieri; questo ha dato origine al fenomeno della pronuncia "all'inglese" di parole che hanno tutt'altra origine; uno dei casi piú noti è quello del pittore tedesco Paul Klee, che molti chiamano 'Pol Kli'.

Oltre ad ambiti tradizionali come quello sportivo, in cui molti termini sono talmente consolidati da aver perso quasi ogni connotazione aliena (si pensi appunto a "sport", "record", "tennis" ecc.), i campi di maggior diffusione dei prestiti anglo-americani sono la TV e le comunicazioni di massa, l'informatica, le scienze, l'economia. Le motivazioni socio-culturali di ciò sono, credo, facilmente intuibili. Dai vari sottocodici scientifici hanno cominciato a filtrare nel linguaggio comune termini come "screening", "check-up", "big bang", per non parlare di casi ampiamente consolidati come il tristemente noto "AIDS" (che noi, contrariamente a francesi e spagnoli non abbiamo latinizzato in "SIDA") o il "DNA", sigla dell'acido deossiribonucleico, e quindi teoricamente "ADN". D'altro canto, ogni specializzazione scientifica richiede, e non solo in Italia, la conoscenza dell'inglese, e corsi di questa lingua sono previsti nelle facoltà scientifiche all'università. Anche il gergo informatico ha sempre maggiore diffusione: "computer" è ben stabilizzato, avendo sconfitto la concorrenza di "calcolatore, elaboratore elettronico" —mentre i francesi vi hanno contrapposto con successo "ordinateur"— e si cominciano a sentire, anche se certamente ancora in ambiti ristretti, formazioni spurie come "formattare", "randomizzare".

Il linguaggio televisivo e giornalistico, con la sua capacità di influenza sull'italiano medio, è comunque con ogni probabilità la maggior fonte di diffusione dei prestiti. Basti pensare all'enorme fortuna di un termine come "sponsor" e del verbo "sponsorizzare', una fortuna che è anche un chiaro indice linguistico di un piú generale mutamento sociale e culturale. Ma ancora sono entrate, ed hanno vita vivace, nella nostra lingua, parole come "audience", ad indicare il pubblico televisivo, "share", la percentuale di ascolto, e tutti quei termini che, non riempiendo alcun vuoto semantico, ma solo fornendo una versione esoticamente piú fascinosa di concetti già ben presenti nella nostra lingua contribuiscono a delineare quello che il giornalista Michele Serra ha definito "angloprovinciale": "news" invece di "notizie" o "telegiornale", "look" invece di "aspetto" (è molto comune sentir dire frasi come "ho cambiato look"); nel corso di una campagna elettorale, nel marzo 1994, Berlusconi ha usato il termine « competitors » per indicare i suoi avversari, e una sola serata di fronte ad una rete TV italiana, pubblica o privata, permetterebbe di raccogliere decine di esempi consimili. Anche se persiste una certa area di diffidenza e naturalmente di scarsa conoscenza, non c'è dubbio che l'interesse verso l'inglese sia altissimo in Italia, ed è ben difficile trovare da noi quelle reazioni di rigetto, cosí tipiche della Francia.

Come insegnante di inglese in Italia, mi sono sentito ripetere molte volte dai genitori dei miei studenti che "l'inglese è indispensabile al giorno d'oggi"; migliaia sono gli adolescenti che passano l'estate in vacanze-studio nei paesi di lingua inglese o frequentano un anno di scuola superiore (il quarto) negli USA; nelle edicole italiane sono regolarmente in vendita, oltre ad una miriade di corsi a dispense, riviste come *Time*, *National Geographic* o altre indirizzate appositamente a chi vuole approfondire la conoscenza della lingua. Sempre nelle edicole è possibile trovare, a prezzi molto bassi, film in originale. Le scuole e i corsi fioriscono ovunque e la recente legge di riforma delle scuole elementari ha introdotto lo studio della lingua straniera (cioè, per molti, solo dell'inglese) anche per i piú piccoli.

Un'altra statistica, riportata in un numero del febbraio 1995 del *Corriere della Sera*, indicava in 5 milioni il numero di coloro che conoscono piú o meno bene l'inglese, mentre sarebbero addirittura 13 milioni quelli che ci sono entrati in qualche modo in contatto. È sicuramente opinione diffusa che "senza l'inglese non si potrà fare molto" nella vita e nel lavoro. Un tipico esempio di questo atteggiamento —che rischia di passare dall'apertura e disponibilità alla sudditanza psicologica e culturale— è la tendenza, presente in tutto il Paese, Sud compreso, a dare ai figli (a quei pochi che nascono...) nomi stranieri, spesso ispirati ai serial televisivi, a volte scritti o pronunciati in modo difforme dall'originale ("Maicol", "Paméla") e adottati anche in presenza di un nome italiano quasi uguale. Ben diversa è infatti la connotazione di, per esempio, "Manuel" rispetto a "Manuele". Qualcuno poi se li inventa, come tante "Giuseppine" che per eludere il loro nome ormai démodé hanno fatto ricorso allo pseudo-inglese "Giusy", con tanto di "y" finale.

I nomi di origine italiana sono naturalmente ancora in maggioranza, ma non c'è classe scolastica della penisola che non senta echeggiare appellativi come Deborah, Daniel, Vanessa... Non credo si possa concordare con Luca Serianni (1987: X-XI) quando dice che l'inglese, penetrato in tanti linguaggi tecnico-scientifici, non ha, tuttavia "un primato nel linguaggio intellettuale generico... né nella lingua della contingenza quotidiana". Nell'uno e nell'altro caso mi sembra invece, al di là del numero di termini effettualmente noti e usati, ben affermato il ruolo di prestigio dell'inglese. Malgrado tutto questo non è proprio da temere una prossima estinzione della nostra lingua: come dice Gian Luigi Beccaria (1988: 241), nel suo *Italiano*, "non esistono lingue se non miste", e la nostra è certamente abbastanza solida da poter resistere agli "attacchi". Sempre Beccaria ci assicura che « nessuna struttura fonetica sintattica morfologica, fondamentale dell'italiano, è stata intaccata dall'afflusso nordamericano ».

Secondo i calcoli di Ivan Klajn (1972), pubblicati in *Influssi inglesi nella lingua italiana* (che è comunque un'opera di 25 anni fa) gli anglicismi sono 2.150, cioè l'1,4% del nostro patrimonio lessicale; questa percentuale è sicuramente aumentata negli ultimi anni, e già nel *Dizionario* di Cardinale e Cortelazzo (1986), che raggruppa le parole nuove dal 1964 in poi, viene registrato ben un 10% di anglicismi. Gaetano Rando (1987), nel suo *Dizionario degli anglicismi nell'italiano postunitario*, calcola un numero approssimativo di 4.200 prestiti nel periodo trattato. Il fenomeno è quindi senz'altro di grande rilevanza ma non sono questi i processi che portano alla "scomparsa" di una lingua. Io credo che, al di là di posizioni di estremismo puristico, (che non hanno molto senso) e di preoccupazioni sostanzialmente infondate, il problema sia di carattere piú generalmente ed ampiamente culturale. Questa disponibilità quasi assoluta nei confronti dell'anglo-americano, la tendenza all'imitazione se non allo scimmiottamento dei modelli stranieri sono figli, da un lato, del senso d'inferiorità dell'Italietta degli anni Sessanta/Settanta che si sentiva ultima in tutto ed ammirava il primato americano (sono tipiche di quel periodo le statistiche che ci vedevano, nei piú vari settori, precedere solo il Portogallo o la Turchia) e dall'altro, paradossalmente, del risveglio del senso di identità nazionale che ha caratterizzato gli anni Ottanta (esemplificato da fenomeni come la moda, il *made in Italy*, il calcio col "campionato piú bello del mondo", il *boom* della Borsa ecc.): l'Italia rincorreva le altre nazioni industrializzate, scalava la classifica del Prodotto Interno Lordo, ma in un contesto culturale dominato da una visione "americana" dei rapporti socio-economici.

Tra gli attori principali di questi processi c'era sicuramente la TV, che riacquistava, dopo il grigiore degli anni Settanta, un ruolo di grande importanza nella vita del Paese, anche ovviamente per la presenza delle nuove reti commerciali che si basavano su una idea di comunicazione di massa ben diversa da quella della vecchia RAI. Non volevamo quindi essere piú gli ultimi, ma per avvicinarci ai primi dovevamo muoverci come loro; mangiare come loro, parlare come loro. Non è il caso di tirare in ballo termini peraltro ampiamente fuori moda come "imperialismo culturale", anche perché credo che questi processi siano sostanzialmente spontanei e non abbiano la possibilità di essere regolati per legge, contrariamente a quanto pensano i francesi.

Non è quindi tanto l'ampiezza del fenomeno ad essere preoccupante, perché, come abbiamo visto, esso è in realtà abbastanza circoscritto numericamente (anche se a leggere qualche titolo di giornale viene il sospetto del contrario), ma la qualità dei prestiti, insediati in aree importanti della vita associata e la tendenza ad accettarli abbastanza passivamente ed acriticamente. È sicuramente un bene che sempre piú italiani entrino in contatto con la lingua straniera di comunicazione internazionale e la adoperino come strumento di apertura, di conoscenza, di contatto. Riconosciuto all'inglese il suo ruolo, credo che dovremmo combattere il complesso di inferiorità linguistica di cui a volte, in maniera piú o meno mascherata, soffriamo.

University of Ottawa e Carleton University

Riferimenti bibliografici

Beccaria, G. L. (1988), *Italiano. Antico e nuovo*, Milano, Garzanti.

Cardinale, M. e Cortelazzo, U. (1986), *Dizionario di parole nuove 1964-1984*, Torino, Loescher.

De Mauro, T. (1984, 1963), *Storia linguistica dell'Italia unita*, Bari, Laterza.

Klajn, I. (1972), *Influssi inglesi nella lingua italiana*, Firenze, Olschki.

Rando, G. (1987), *Dizionario degli anglicismi nell'italiano postunitario*, Firenze, Olschki.

Serianni, L. (1987), Presentazione a G. Rando, *Dizionario degli anglicismi nell'Italiano postunitario*, Firenze, Olschki, VII-XIII.

L'Italia vista da un francobollo

Roberta Maccagnani

L'idea di usare i francobolli come occasioni per illustrare aspetti di "civilisation" italiana è nata qualche anno fa, in seguito all'invio ufficiale da parte del Ministero delle Poste e Telecomunicazioni di un bel libro —intitolato molto opportunamente *La buca delle lettere*— che documentava un'emissione di francobolli del 1990.

Un piccolo panorama iconografico di notevole qualità estetica era cosí offerto non solo al piacere conoscitivo degli esperti filatelici, ma anche alla curiosità di chi, come nel mio caso, intendeva servirsene a fini piú specificamente didattici, cioè come occasione di discorso su tematiche storiche, sociali, artistiche, riguardanti il ricco patrimonio culturale del nostro paese. Ogni francobollo, o ogni serie diventava l'esempio di una "microstoria" da presentare —sia solo sia collegato con altri documenti visivi o scritti che il tema suggerisse— ad una attenzione aperta e articolata sul mondo, quale è o dovrebbe essere quella di un docente. E d'altra parte anche il libro del Ministero delle Poste sembrava fatto per un simile uso, perché accompagnava i francobolli con testi che davano informazioni culturali sull'immagine rappresentata: avvenimento, personaggio o fatto artistico, passato o presente. Bisogna infatti ricordare che il 1990 fu l'anno del campionato mondiale di calcio in Italia: l'anno della vittoria del Napoli per lo scudetto, l'anno in cui già si preparavano le celebrazioni Colombiane che sarebbero "scoppiate" nel '92...

Lo sport e la navigazione (i viaggi, le scoperte) sono elementi che hanno una parte significativa nella mentalità italiana, ed il primo risale ai tempi dei Romani, che, come sappiamo, volevano *panem et circenses*, cibo e spettacoli, diremmo oggi, e fra gli spettacoli popolari il calcio è ancora, nel bene e nel male, uno dei momenti piú partecipati e seguiti dal pubblico. I francobolli hanno perciò sottolineato un fatto di costume profondamente radicato nella società italiana, che il testo scritto ha poi sviluppato a livello piú culturale mostrando la sua presenza nelle corti e nelle città italiane attraverso il tempo. Si può quindi dire che l'*attualità* è un tema toccato dalle figurazioni filateliche e che può essere approfondito con documenti storici non necessariamente specialistici. Un tema come lo sport in generale —spesso raffigurato nelle emissioni filateliche— mi sembra costituire una buona fonte di discussione in classe, non fosse altro che per misurare il tono di partecipazione del pubblico a questa pratica (impegno? svago? violenza?) che si estende a tutte le società occidentali. Ma tale grado di coinvolgimento è sicuramente diverso fra una "audience" italiana o vivente in Italia, ed una "audience" straniera o italo-..., ed anche questa è una considerazione che deve essere tenuta in conto nella scelta del soggetto da presentare in classe.

Comunque, la vocazione principale del francobollo dal punto di vista iconologico è quella di celebrare, e quindi ricordare, avvenimenti o personaggi significativi del passato, sia per sottolineare un momento di rimemorazione collettiva (vedi le celebrazioni Colombiane), sia per 'mettere in scena' immagini perenni, quali ad esempio le forme del nostro patrimonio architettonico, che per la nostra cultura visiva sono cosí 'ovvie' che quasi non le vediamo piú, mentre per un occhio straniero costituiscono degli emblemi di bellezza e di creatività sempre stupefacenti. Nell'insieme dei francobolli di cui mi occupo, la serie architettonica è rappresentata da elementi di altissimo valore quali soprattutto il Tempio Malatestiano di Rimini e poi i palazzi delle Poste italiane della serie "Europa", la rocca di Urbisaglia... Ognuno di questi momenti offre la possibilità di esporre —e poi trasformare in discussione— notizie, curiosità, ricordi anche personali del docente relativi all'immagine proposta. È chiaro che un simile lavoro richiede una preparazione precedente, ed un arricchimento di documenti visivi di sostegno per estendere l'informazione. La serie "Rocche d'Italia" è di per se stessa una fonte di rimandi iconografici piuttosto vasta, data l'abbondanza di monumenti del genere nel nostro paesaggio che si collegano a quelli proposti dall'immagine filatelica. E ci sono rocche celebri per via della letteratura, come quella di Gradara, dove la tradizione vuole che morissero Paolo e Francesca.

Sempre in tema artistico —sicuramente uno dei piú frequentati dai francobolli italiani— un altro soggetto interessante per il lavoro è quello che fa riferimento al patrimonio dei musei nazionali: qui si tratta del Parco della Pace a Ravenna, di cui si mostrano parti di mosaici moderni ispirati a quelli antichi e celebri della città, e poi dell'arte longobarda, che vide il suo centro a Cividale del Friuli. Anche in questo caso un *excursus* sui piú celebri "pezzi da museo" italiani, anche quelli connessi col turismo di massa (dalla Venere del Botticelli ai bronzi di Riace, che però non credo siano molto conosciuti al di fuori della Calabria), anche in questo caso, dicevo, si possono trarre dal francobollo elementi di conoscenza e discussione da fornire alla classe. Analogamente per il francobollo dedicato al pittore Morandi.

Se però questo aspetto della cultura fosse troppo ristretto all'interesse di pochi amatori dell'arte, un'altra serie di francobolli si presenta come argomento di osservazione (e godimento) piú generale. Mi riferisco alla serie "Paesaggi" disegnati da Emidio Vangelli, uno dei disegnatori piú "artistici" dei nostri francobolli. I quattro luoghi prescelti sono San Felice Circeo, Castellammare del Golfo, Montepulciano e Sabbioneta, "quattro itinerari della storia e della cultura italiane", come suona la presentazione del testo dedicato a queste immagini. Ecco già tracciata una linea di lettura di tali documenti, di cui il volume offre l'esemplificazione. Soprattutto Sabbioneta, con la sua pianta urbana a stella, è già di per sé una 'visione' che va ben oltre gli usi strategici per cui era stata creata. Far immaginare, in classe, come era nata l'idea e poi la realtà di una simile forma urbana, è un lavoro di una estrema ricchezza. Magari confrontando questa pianta/disegno con le mappe urbane in cui si vive e si orienta la gente locale.... Magari rievocando —dato il territorio nordamericano— il forte dei soldati di frontiera e il villaggio degli indiani: tutti elementi che il comune immaginario cinematografico rende presenti alla mente.

Per finire questa rassegna sui principali francobolli della raccolta 1990, voglio segnalarne altri due che si collegano a momenti di festa o celebrazioni socio-storiche fondamentali. Mi riferisco, in quest'ultimo caso, al francobollo commemorativo del Primo Maggio, la festa dei lavoratori, che in Nord America non è celebrata nella stessa data (e già questo è un interessante punto di analisi). Il volume del Ministero delle Poste offre all'interno una breve presentazione del tema, corredata di altre immagini, ma secondo me ogni docente è in grado di costituirsi un dossier relativo all'argomento, se gli interessa. Il francobollo in questione raffigura il celebre quadro di Pellizza da Volpedo: il *quarto stato*, dipinto nel 1901, un'opera che storicamente 'parla' ancora al cuore e alla coscienza di molti di noi e di chi ci ha preceduto nelle lotte per il lavoro.

Un altro tema connesso con le feste sociali è quello raffigurato nel francobollo intitolato "Merano-Corse degli Avelignesi", dove si scopre —leggendo le pagine interne— che questi Avelignesi sono degli umili cavalli da soma che il lunedí dell'Angelo, una volta all'anno, a Merano, salgono agli onori della cronaca e corrono una specie di Palio molto popolare, molto contadino, che non ha niente in comune con quello sofisticato, elegante, celeberrimo di Siena, che viene trasmesso dalla televisione nazionale. Anche questo, secondo me, è un ottimo soggetto di conoscenza e di discussione in classe: partendo dall'immagine del francobollo si può parlare e far parlare delle feste e delle tradizioni di cui gli studenti sono a conoscenza, sia in Italia (ricordi di famiglia, ad es.) sia qui, nel paese dove vivono. Le feste sono momenti di grande aggregazione sociale e simbolica, e costituiscono sempre uno spunto molto ricco per ogni genere di approccio.

Ecco, in una rapida scorsa, la presentazione di "documenti autentici" di facile consumo e disponibilià quali sono i francobolli. Docenti e studenti possono avere accesso a questa fonte di documentazione senza spese particolari, basta conservarli e *leggerli* diversamente che come *pedaggio* per le comunicazioni epistolari. Un'ultima osservazione: un confronto fra l'immaginario dei francobolli italiani e quello dei francobolli canadesi (intendo dire il paese in cui ci si trova) mette in luce una differenza di centri di interesse estremamente stimolanti per un'analisi comparativa delle due culture visive. Nell'iconografia filatelica del Canada io ho notato maggiormente la bandiera, la regina Elisabetta, degli animali, dei simboli natalizi. C'è un rapporto fra i grandi spazi e l'economia dei segni?

Addetta all'IIC di Montréal

L'immagine nella glottodidattica

Anthony Mollica

Nell'introduzione a *Essays in Applied Visual Semiotics* James Brown e Anthony Mollica (1988-89: 1) hanno posto in rilievo che

> fin dalla preistoria le immagini sono servite d'ausilio nella comunicazione e nella trasmissione di informazioni. Dalle pitture e dai disegni che si trovano su pareti di caverne, ai geroglifici egiziani e ideogrammi cinesi, fino all'uso dei moderni sussidi audiovisivi, l'uomo ha sempre rappresentato la realtà attraverso immagini. Ciò non ci sorprende affatto dato che la vista è il piú forte dei cinque sensi. Infatti, la maggior parte delle informazioni sul mondo circostante ci viene dalla vista.

Partendo dalla considerazione che la vista è il piú potente dei sensi, abbiamo deciso di puntare su questo elemento e di sfruttare al massimo le immagini nell'insegnamento/apprendimento di una lingua straniera. Clifford T. Morgan e Richard A. King (1966: 197) hanno affermato in maniera concisa che

> la maggior parte delle persone —se non tutte— hanno esperienza di immagini e queste aiutano spesso a pensare. Alcuni individui hanno un'immaginazione cosí vivida da ricordare tutto quasi perfettamente. Tale processo viene definito immaginazione eidetica.

Come spesso ci ricordano gli psicolinguisti, l'uso dell'immagine nell'apprendimento/insegnamento è di importanza capitale per riattivare meccanismi essenziali allo sviluppo della memoria eidetica; il che offre molti vantaggi nel processo di apprendimento linguistico.

Gli studenti sono riluttanti o addirittura contrari a parlare durante la lezione di lingua proprio perché, spesso, lo stimolo è assai difficile e richiede una competenza linguistica oltre ad una considerevole ricerca sull'argomento. Come ha affermato Mollica altrove (1985b):

> la discussione su argomenti come l'aborto, la pena capitale, il ruolo della donna e simili non produrrà nel discente la capacità meccanica di usare la lingua d'apprendimento nei vari contesti e situazioni di comunicazione che costituiscono l'interazione verbale. Per di piú, la natura di questi argomenti è tale che richiede una sofisticata padronanza delle mo-

dalità lessicali e strutturali nella lingua d'apprendimento. Non è quindi una sorpresa che gli studenti principianti siano contrari o incapaci di parlare di questi argomenti.

Non ci sono dubbi che lo scopo finale del nostro insegnamento dovrebbe essere quello di preparare lo studente a parlare di questi e altri temi d'interesse. Infatti, questi ed altri argomenti di forte attualità, dovrebbero essere introdotti e discussi in una fase piú avanzata una volta che lo studente

a) ha raggiunto una buona padronanza della lingua,
b) ha letto parecchio sugli argomenti proposti, e/o
c) ha un forte interesse personale per questi argomenti che lo spinge non solo a parlarne, ma anche a tentare di imporre il suo punto di vista o le sue opinioni su altri interlocutori.

Le ricerche piú approfondite dell'ultimo decennio sullo sviluppo della competenza comunicativa hanno dimostrato in maniera inconfutabile che l'uso spontaneo della lingua d'apprendimento dovrà essere guidato e dovrà essere insegnato —come del resto le strutture grammaticali— in maniera sistematica. Relegare lo sviluppo delle competenze comunicative all'ultima lezione della settimana è un'attività inutile e come tale è una completa perdita di tempo (Mollica 1985a).

Esiste attualmente una vasta letteratura sullo sviluppo delle strategie didattiche che mirano ad incoraggiare l'uso autonomo della lingua in situazioni comunicative autentiche.

Lo scopo di questo nostro studio è, infatti, di descrivere una delle tante strategie focalizzate sulla comunicazione che abbiamo sviluppato e sperimentato negli ultimi anni. Le definiamo "stimoli visivi" perché il loro obiettivo psicopedagogico è quello di stimolare lo studente a servirsi di vocaboli, locuzioni, frasi, e unità discorsive nella lingua d'apprendimento. Questo lavoro riassume e approfondisce ricerche precedenti (Mollica 1976, 1978a, 1978b, 1979a, 1979b, 1981, 1985a, 1985b, 1988).

Lo stimolo

Dal punto di vista psicolinguistico, si definisce "stimolo" qualsiasi fenomeno fisiologico o sensoriale a cui un organismo reagisce secondo un modello di comportamento prevedibile. Stimoli visivi sono stati deliberatamente scelti per suscitare reazioni orali o scritte secondo l'abilità linguistica che l'insegnante vuole sviluppare. È importante rilevare che certi stimoli si adattano meglio all'interazione orale, altri sono piú efficaci per quella scritta. Ovviamente, ce ne sono molti altri che possono essere proficuamente usati per attività sia orali che scritte.

Gli stimoli della prima parte di questo studio sono una serie di fotografie mentre quelli della seconda sono una serie di disegni per parole crociate.

Fotografie

Le fotografie qui discusse possono essere catalogate come:

umoristiche	descrittive	drammatiche
tragiche	culturali.	

Ciascuna fotografia può essere utilizzata come stimolo di discussione e di composizione a vari livelli linguistici:

elementare	medio	avanzato.

Questo significa che l'insegnante può scegliere la stessa immagine e sfruttarla in classi di vario livello, in base alla preparazione linguistica degli studenti. Ai tre livelli linguistici corrispondono, per ciascuna foto, le seguenti fasi:

comprensione visiva	interpretazione personale	libera creatività.

Usando la prima foto come esempio possiamo illustrare le tre fasi di cui sopra.

A livello di *comprensione visiva,* si faranno allo studente domande direttamente collegate a ciò che si vede nella foto. Gli elementi lessicali da fare emergere saranno semplici e per conversare si useranno solo le prime strutture di base.

Per esempio si potranno proporre esercizi di questo tipo:

1. Individualmente o in gruppo trova il maggior numero possibile di parole o espressioni collegate alla foto.
2. Scrivi una didascalia per la foto.
3. Quante persone vedi nella foto?
4. Che cosa stanno facendo?
5. Elenca alcuni degli attrezzi che si usano per piantare un albero. E cosí via.

A livello di *interpretazione personale,* si chiederà allo studente di esprimere le proprie opinioni sulle azioni/scene ritratte nella foto:

1. Perché, secondo te, stanno piantando un albero?
2. Chi, secondo te, dovrebbe essere coinvolto in queste cerimonie? E cosí via.

A livello di *libera creatività,* l'immaginazione e l'inventiva degli studenti dovrebbero essere stimolate. In alcuni casi, l'insegnante guiderà il processo presentando alcuni possibili argomenti che potrebbero essere approfonditi:

Foto 1

1. Scrivi un paragrafo a commento di questa foto ponendo in rilievo:

    a) l'identificazione dell'uomo e dei giovani
    b) l'occasione per la piantagione di un albero
    c) la localizzazione della scena, ecc.

2. Facendo una ricerca, trova il maggior numero possibile di informazioni sulle cerimonie della piantagione degli alberi.

3. Immagina di essere il presentatore di una emittente televisiva locale. Descrivi la foto mentre viene mostrata sullo schermo.

4. L'uomo sulla sinistra sta per fare uno scherzo: farà qualcosa che sorprenderà tutti. Spiega ciò che farà.

La cosa importante da sottolineare è che lo stimolo visivo può essere sfruttato per suscitare una conversazione spontanea nella lingua d'apprendimento senza far ricorso a qualcosa di preparato in anticipo sul tema scelto.

Quando l'occasione lo permette —l'insegnante conosce la realtà linguistica della sua classe— le tre fasi possono essere attivate simultaneamente promuovendo attività che coinvolgono *comprensione visiva, interpretazione personale* e *libera creatività*.

Queste attività costituiscono il punto di partenza, l'inizio immediato di una conversazione spontanea su un tema specifico.

Applicazioni pratiche

Presentiamo qui di seguito un certo numero di strategie che l'insegnante può attivare secondo i bisogni particolari della classe. Non sono presentate secondo un ordine prestabilito, ma suggeriamo che l'insegnante ponga l'enfasi prima sulle attività orali e poi su quelle scritte. Parlare delle immagini prima di svolgere i compiti scritti permette allo studente di acquisire il vocabolario necessario, di approfondire la conoscenza delle strutture e di organizzare il tutto in sequenza logica, con evidente arricchimento della produzione scritta.

La foto e il vocabolario

Lo studente dovrà prima cercare un certo numero di vocaboli relativi alla foto. A tale fine, la classe, divisa in piccoli gruppi o a coppie, dovrà mettere per iscritto il maggior numero possibile di parole o frasi sollecitate dall'osservazione della fotografia. È ovvio che ogni studente darà il suo contributo secondo il proprio livello linguistico e il risultato finale sarà un ampio, se non esauriente, elenco di elementi lessicali. Si può consultare il vocabolario, ci si può rivolgere all'insegnante o anche a uno studente di madrelingua.

Domande e risposte

In alcuni casi ci si limiterà a fare l'analisi della foto. L'insegnante sceglierà solo le domande sulla foto le cui risposte possono essere date guardando l'immagine. Poiché l'insegnante conosce la realtà linguistica della sua classe, sceglierà naturalmente le domande a cui lo studente saprà rispondere correttamente. L'attività di domande e risposte, se strutturata in maniera logica, permetterà agli studenti di fare una breve composizione sulla foto.

L'insegnante dovrebbe di continuo ricordare allo studente di rispondere a domande poste con:

Chi...?   Che cosa...?   Quando...?   Perché...?   Dove...?

Le risposte a queste o simili domande sono appropriate nella fase della comprensione visiva e, se reiterate, svilupperanno nello studente un senso di curiosità e aguzzeranno l'acuità visiva.

Didascalie: parole, frasi e/o paragrafi

Allo studente si chiederà di scrivere una didascalia adeguata alla foto. Questi ovviamente esaminerà la foto e proporrà la "sua" didascalia; un eccellente esercizio perché lo studente dovrà cogliere lo spirito della scena ed esprimerlo in una breve frase o in due o tre parole. Inoltre sarà incoraggiato a produrre didascalie dal tono serio e/o umoristico, prese o dalla lingua di tutti i giorni o da proverbi o da modi di dire, ecc. Una

Foto 2

didascalia appropriata per la Foto N° 2, potrebbe essere "Lei, lui e... l'altro." mentre in inglese la didascalia originale suggeriva "A situation well in hand!"

Annunci radiofonici o televisivi

Per lo sviluppo della produzione orale, un ottimo esercizio consiste nel chiedere allo studente di immaginare di assumere il ruolo di conduttore e di descrivere oralmente le attività ritratte nella foto.

Il prima e il dopo della scena

In uno studio di vignette, Roger Tremblay (1980) ha sottolineato che le vignette sono spesso immagini in una posizione di "squilibrio statico", cioè c'è qualcosa che è successo prima della scena della foto e qualcosa che la seguirà. (Figura 1)

Poiché la scena della foto in questione può essere considerata intermedia, gli studenti dovrebbero essere incoraggiati a immaginare gli eventi accaduti prima e dopo. Il risultato finale di questa attività consisterà nell'inventare un inizio, uno sviluppo e una fine della storia.

Figura 1

| Descrizione degli elementi che precedono la scena nella foto. | | Descrizione degli elementi che seguono la scena nella foto. |

Gioco di memoria

Si tratta di un gioco di memoria molto noto: agli studenti viene mostrata una foto per un certo numero di secondi e poi vengono fatte loro domande su ciò che hanno visto. Per questa attività si dovrebbe dare loro in visione, per un certo numero di secondi, una copia della foto. Poi si chiederà allo studente di coprirla e a questo punto l'insegnante porrà una serie di domande. Per questo tipo di attività sono preferibili foto piene di dettagli, scene drammatiche, scene di gente che protesta, scene di gente in corteo per dimostrazioni, scene di incidenti stradali (Foto N°

3). Praticamente il gioco può essere fatto con tutte le foto e tutte le domande punteranno sulla memoria visiva.

Foto 3

Articoli di giornale

L'insegnante può chiedere allo studente di scrivere un articolo per un giornale locale o per il giornalino scolastico basato sulle attività mostrate nella foto. In gruppi, gli studenti, potrebbero ricercare gli elementi lessicali, e sviluppare le idee o le descrizioni che preferirebbero includere nell'articolo. Ciò con l'aiuto dell'insegnante e/o di un vocabolario.

Causa/effetto

Alcune foto mostreranno un effetto che corrisponde ad una determinata causa; altre possono mostrare una causa che produce vari effetti. Agli studenti viene chiesto di identificare sia la causa, sia l'effetto o entrambi. (Foto N° 4).

Foto 4

Soluzione di un problema

Poiché delle foto presentano una situazione di "squilibrio statico", l'insegnante potrà chiedere agli studenti di identificare il problema la cui soluzione si trova nella foto stessa. La foto N° 5 è un buon esempio. Qui ovviamente la bambina non può raggiungere il rubinetto della fontana e si rivolge alla sorellina per essere aiutata.

Editoriali/articoli di fondo

Alcune foto si prestano bene come stimoli per editoriali. Per esempio la foto di una bambina che beve ad un rubinetto di una pubblica fontana potrebbe introdurre il tema dell'importanza dell'acqua nelle varie culture (Foto N° 6). La gente nel Nord America la usa per annaffiare i prati o per lavare le macchine, ecc. In molte altre parti del mondo, c'è carenza di acqua, la gente beve acqua in bottiglia, ecc.

Foto 5

Foto 6

Spunti per conferenzieri

Lo stimolo visivo è anche adatto per sollecitare la presentazione di un argomento davanti al pubblico. Si chiede allo studente di discutere un argomento prendendo la foto come punto di partenza. Per esempio, si potrebbe presentare un'interpretazione della foto N° 2 discutendo argomenti di ordine etico.

Sequenze di foto

L'insegnante potrebbe sfogliare il libro e trovare delle foto che, poste una dopo l'altra, potrebbero costituire una sequenza. Una sequenza di foto può essere la trama di una storia.

Per esempio:

Foto N° 7:	Fuga in elicottero
Foto N° 8:	Confisca di droga
Foto N° 9:	Denaro recuperato
Foto N° 10:	Cronaca giornalistica

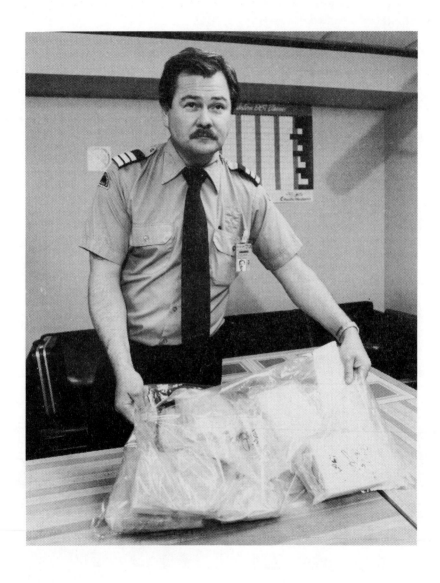

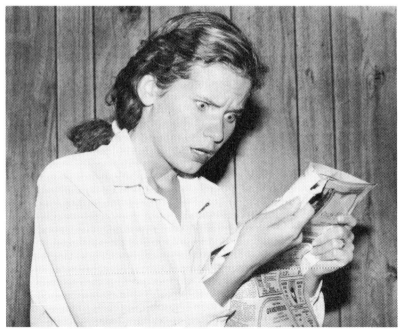

Foto 7, 8, 9, 10

Poesie

La fotografia è altresì un efficace stimolo per comporre poesie. Molti colleghi sono riluttanti ad introdurre o ad insegnare poesie in classe, eppure molti studenti sono "criptopoeti". La poesia è in effetti qualcosa di personale, intimo e a molti non piace rivelare i propri sentimenti. Con la foto lo spunto è visivo, quindi lo studente concentra la sua attenzione sull'immagine piuttosto che sui propri sentimenti che non desidera rivelare ad altri. I suggerimenti che ci permettiamo di dare sono "ricette" che gli studenti possono seguire e mettere in pratica facilmente. Nella fase iniziale di questa attività di avviamento alla poesia, si consiglia di fare lavorare gli studenti in coppie o in gruppi.

Perché la poesia? Scrivere poesia richiede precisione. La parola "precisione" incorpora i concetti di struttura e limite. Scrivere in maniera poetica aiuta lo studente a sviluppare questa abilità linguistica. Suggeriamo alcuni esempi che ci sembrano adeguati, ma ovviamente la scelta è molto piú ampia.

a) *Poesia di cinque versi*

Dopo aver studiato il presente del verbo e la semplice struttura di frase al singolare, al plurale, al maschile e/o al femminile, lo studente può "diventare" poeta.

Si chiederà allo studente di scrivere:

1. nel primo verso, un nome: persona, cosa o luogo;
2. nel secondo, due aggettivi (o due participi passati o presenti) separati da una virgola;
3. nel terzo, tre verbi (separati da virgola) che si riferiscono al nome del primo verso;
4. nel quarto, una breve frase di riflessione sul nome del primo verso;
5. nel quinto, la stessa parola del primo verso, o un sinonimo o qualche altra parola collegata al primo verso.

b) *Poesia di sette versi*

Si chiederà allo studente di scrivere:

1. nel primo verso, un nome;
2. nel secondo, due aggettivi (separati da virgola) che descrivano il nome;
3. nel terzo, tre participi;
4. nel quarto, quattro nomi relativi al soggetto (gli ultimi due possono avere significato contrario rispetto al soggetto);

5. nel quinto, tre participi che indicano un cambiamento o uno sviluppo del soggetto;
6. nel sesto, due aggettivi che pongono l'enfasi sull'idea del cambiamento e dello sviluppo;
7. nel settimo, un nome che rappresenta il contrario del soggetto.

c) *Haiku*

Haiku è una poesia giapponese che ha per argomento la contemplazione individuale della natura e delle stagioni dell'anno. Molte foto si riferiscono alla natura e alle stagioni e pertanto sembra appropriato invitare lo studente a scrivere un componimento *Haiku* di tre versi e 17 sillabe. Gli studenti non devono attenersi rigidamente al numero delle sillabe, devono piuttosto sforzarsi di usare parole che si riferiscono alla natura e alle stagioni. Una poesia *Haiku* ha 17 sillabe divise in versi di 5, 7 e 5 sillabe. Lo studente deve, tuttavia, tenere presente che il numero delle sillabe serve da guida, ma non è una regola rigida.

Mostra in bacheca

La foto grande serve come base per lavori individuali o di gruppo. La seconda foto, molto piú piccola, con ampio spazio disponibile, è stata ideata per permettere allo studente di scrivere o dattiloscrivere la sua composizione sul foglio. Questa può essere messa in bacheca e, poiché le foto e le composizioni variano, questa attività fornirà materiale di lettura all'intera classe.

Cruciverba

Quando Arthur Wynne pubblicò il primo cruciverba nella rubrica enigmistica dell'edizione domenicale del *World* di New York, il 21 dicembre 1913, probabilmente non immaginava l'enorme successo che tale gioco avrebbe riscosso (Millington 1977).

Sull'uso dei cruciverba nell'ambito dell'insegnamento di una lingua è già stato scritto molto. Dino Bressan (1970), il quale identifica nove tipi diversi di "definizione-stimolo", si esprime cosí:

> L'uso dei cruciverba, accuratamente selezionati e ordinati in base a criteri di crescente difficoltà, contribuirà sia all'acquisizione di nuove parole e di nuove frasi sia al consolidamento delle conoscenze precedenti, tramite la ripetizione.

G. Latorre e Gloria Baeza (1975: 51) scrivono che:

> Le definizioni-stimolo su cui si basa il gioco delle parole crociate sono di fondamentale importanza per l'applicazione didattica, dato che in esse si trovano le informazioni necessarie allo studente per fare l'esercizio. La definizione sta al cruciverba quasi come lo stimolo orale sta al vecchio *drill* strutturale: entrambi costituiscono la molla che sostiene l'attività stessa. Non c'è posto, dunque, per ambiguità, volute o no. La chiarezza è infatti di essenziale importanza. Leggendo la definizione, lo studente deve essere in grado di indovinare con una certa accuratezza la parola richiesta, giacché nella maggior parte dei casi il quesito dovrebbe rientrare nell'ambito delle sue capacità linguistiche.

David E. Wolfe, in un articolo pubblicato sulla rivista *The Audio-Visual Language Journal,* riconosce il contributo del Bressan e suggerisce numerosi esempi che sono "piú adatti all'insegnamento, sempre che i cruciverba siano preparati dall'insegnante stesso e siano basati su conoscenze linguistiche già acquisite dallo studente." Uno degli esempi suggeriti da Wolfe è lo stimolo visivo: "Qualsiasi nome concreto che si riferisca a un oggetto che l'insegnante sa disegnare è appropriato, purché già noto al discente." Siamo d'accordo con Wolfe e, come abbiamo suggerito in precedenti lavori, siamo convinti che lo stimolo visivo è una tecnica efficace per costruire i cruciverba, particolarmente quando l'insegnante desidera sviluppare determinate aree lessicali.

Abbiamo già sottolineato precedentemente in altre pubblicazioni l'importanza dell'uso dei cruciverba con approccio tematico al fine di insegnare, ripassare o ampliare il vocabolario dello studente (Mollica 1978a, 1978b, 1981).

Concordando con Clifford T. Morgan e Richard A. King (1966: 197), nei nostri cruciverba abbiamo deciso di usare gli stimoli visivi. Infatti sta diventando sempre piú evidente, sia dai risultati della ricerca psicolinguistica (Jeffries 1985) sia dall'esperienza quotidiana dell'insegnamento, che il modo piú diretto per penetrare nella mente del discente non è l'impiego di tecniche didattiche meccaniche e ripetitive ma l'attivazione dei canali dell'immaginazione (Danesi e Mollica 1988). Questo implica non solo la pratica di un insegnamento "immaginativo" nel senso etimologico della parola, ma anche di strategie pedagogiche "immaginative", cioè imperniate su stimoli che generano "immagini" nel discente. Gli stimoli visivi usati nei nostri cruciverba rispondono perfettamente a questo principio. Inoltre essi rappresentano una valida alternativa alla traduzione, alla definizione e alla spiegazione, in quanto, attraverso l'immagine, stabiliscono un legame diretto tra lingua e contesto.

In una recente pubblicazione, abbiamo scelto dieci temi e, per ciascuno di essi, abbiamo selezionato arbitrariamente venti parole. Il *Cruciverba A* contiene dieci illustrazioni (Figura 2). In fondo ad ogni pagina sono elencate, in ordine alfabetico, le dieci parole necessarie per completare il cruciverba. Quei discenti che non sanno il termine dell'illustrazione possono ovviamente e, diremmo, ingegnosamente scoprirlo contando le lettere della risposta e inserendole nelle caselle appropriate. L'attività serve, quindi, anche come acquisizione di vocaboli nuovi.

Figura 2

Il *Cruciverba B* contiene altre dieci illustrazioni, oltre alla ripetizione di cinque illustrazioni del *Cruciverba A* (Figura 3). In fondo alla
pagina sono elencate, in ordine alfabetico, le quindici parole necessarie
per completare il cruciverba.

Cr\. Cruciverba B: *Abbigliamento*. 27

Figura 3

Il *Cruciverba C* ripete le dieci illustrazioni apparse per la prima volta nel *Cruciverba B* e ripete le cinque illustrazioni del *Cruciverba A* non usate precedentemente (Figura 4). In fondo alla pagina sono elencate, in ordine alfabetico, le quindici parole necessarie per completare correttamente il cruciverba.

Figura 4

Il *Cruciverba D* contiene tutte e venti le illustrazioni e fa uso solo dello stimolo visivo (Figura 5). A questo punto lo studente avrà già visto e scritto le parole due volte e l'attività finale può essere considerata

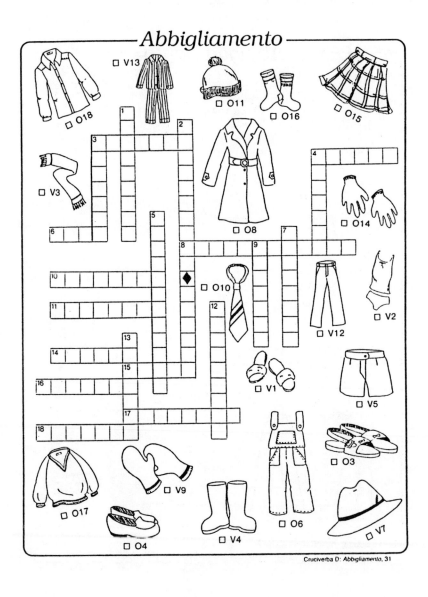

Figura 5

come un test per verificare se ha appreso effettivamente tutte le parole comparse nei cruciverba precedenti. Lo scopo di tale procedura è ovviamente l'apprendimento cumulativo abbinato al divertimento che deriva da qualsiasi tecnica ludica.

Gli insegnanti potranno servirsi anche solo di alcuni dei fogli di attività. Infatti, gli studenti che già conoscono il vocabolario, possono concentrarsi sull'ultimo cruciverba che contiene solamente gli stimoli visivi; mentre gli altri, che conoscono un numero minore di parole, possono concentrarsi sui cruciverba precedenti.

L'intera gamma può essere assegnata agli studenti che non conoscono affatto il vocabolario riguardante i temi trattati, e l'attività costituisce, perciò, un'esperienza di apprendimento iniziale giacché i discenti dovranno identificare il nome di ogni illustrazione in modo contestualizzato. Contando le lettere di ogni parola e inserendole nelle caselle appropriate si troverà la soluzione.

Tali cruciverba permettono agli studenti di ampliare e di consolidare il proprio vocabolario come in un vero gioco.

Conclusione

L'elemento visivo è, secondo noi, uno stimolo molto efficace per "stimolare" una conversazione in classe o per l'apprendimento del vocabolario. Certamente non è la sola soluzione che contribuirà alla produzione di messaggi orali e scritti contestualizzati e di senso compiuto. Usato a differenti livelli, lo stimolo visivo soddisfarà i bisogni linguistici del discente e fornirà ore di gioioso apprendimento.

Brock University

Riferimenti bibliografici

Bressan, D., 1970, "Crosswords Puzzles in Modern Language Teaching," *Audio-Visual Language Journal,* 8(2), 93-95.

Brown, J. W. e A. Mollica, (cur.), 1989, *Essays in Applied Visual Semiotics,* Monograph Series No. 3, Toronto, Toronto Semiotic Circle.

Danesi, M. e A. Mollica, 1988, "From Right to Left: A 'Bimodal' Perspective of Language Teaching," *The Canadian Modern Language Review/La Revue canadienne des langues vivantes,* 45, 1, 76-90.

Jeffries, S., 1985, "English Grammar Terminology as an Obstacle to Second Language Learning," *The Modern Language Journal,* 69, 385-390.

Latorre, G. e G. Baeza, 1975, "The Construction and Use of EFL Crossword Puzzles," *English Language Teaching Journal,* 30, 45-55.

Millington, R., 1977, *Crossword Puzzles. Their History and Their Cult*, New York, Pocket Books.

Mollica, A., 1976, "Cartoons in the Language Classroom," *The Canadian Modern Language Review/La Revue canadienne des langues vivantes*, 32, 4, 424-444.

____. 1978a, "The film Advertisement: A Source for Language Activities," *The Canadian Modern Language Review/La Revue canadienne des langues vivantes*, 34, 2, 221-243.

____. 1978b, "A Touch of...Class: Mots croisés," *The Canadian Modern Language Review/La Revue canadienne des langues vivantes*, 34, 2, 265-269.

____. 1979a, "'A Tiger in Your Tank': Advertisements in the Language Classroom," *The Canadian Modern Language Review/La Revue canadienne des langues vivantes*, 35, 4, 691-743.

____. 1979b, "Print and Non-Print Materials: Adapting for Classroom Use" in *Building on Experience-Building for Success*, June K. Phillips (a cura di), ACTFL Foreign Language Education Series, 10, Skokie, IL, National Textbook Company, 157-198.

____. 1981, "Visual Puzzles in the Second-Language Classroom," *The Canadian Modern Language Review/La Revue canadienne des langues vivantes*, 37, 3, 583-622.

____. 1985a.,"Not for Friday Afternoons Only: The Calendar of Memorable Events as a Stimulus for Communicative Activities," *The Canadian Modern Language Review/La Revue canadienne des langues vivantes*, 42, 2, 487-511.

____.1985b, "Oral Stimuli for the Language Classroom," in *Language Teaching Strategies*, Pia Kieber e Marcel Danesi,(a cura di), Toronto, The Faculty of Arts and Science, 39-53.

____. 1988, "Verbal Duelling in the Classroom: Audio and Visual Stimuli for Creative Communicative Activities," in *Language Teaching and Learning: Canada and Italy/Insegnare ed imparare lingue: Canada e Italia*, Valeria Sestieri Lee (a cura di), Ottawa, Canadian Mediterranean Institute/Roma, Centro Accademico Canadese in Italia, 101-122.

Morgan, C. T. e R. A. King, 1966, *Introduction to Psychology*, 3rd edition, New York, MacGraw-Hill.

Tremblay, R., 1980, "La bande dessinée: une typologie", *The Canadian Modern Language Review/La Revue canadienne des langues vivantes*, 36, 3, 504-513.

Wolfe, D. E., 1972, "Teacher-made Crossword Puzzles," *Audio-Visual Language Journal*,10, 3, 177-181.

Corrispondenza interscolastica e scambio di classi

Rosalia Tomasini

Premessa

Le nuove tecnologie in glottodidattica non costituiscono soltanto un supporto, quasi un di piú, di cui si può anche fare a meno; il loro uso al contrario comporta una vera e propria rivelazione nel modo stesso di "fare scuola". Prendiamo ad esempio una "tecnica", che pone le sue premesse nelle pedagogie attive del Novecento, la corrispondenza interscolastica, ed esaminiamo come l'uso dei moderni sussidi audiovisivi possa non solo rivisitarla e farne riscoprire la validità, ma anche dotarla di nuova dignità sotto il profilo dello sviluppo cognitivo ed affettivo dell'alunno.

Il vasto movimento che agli inizi del nostro secolo condusse la propria battaglia contro la scuola tradizionale, accusata di adultocentrismo, portò avanti una nuova concezione dell'infanzia e dell'educazione e ci diede le grandi lezioni di Maria Montessori, John Dewey, Célestin Freinet, Ovide Decroly, Édouard Claparède e tanti altri delle cui opere forse molti di voi conservano un certo ricordo. Le pedagogie attive si concretizzarono in "metodi" organicamente strutturati, come quello di Maria Montessori, o in orientamenti metodologici o ancora in tecniche didattiche. La corrispondenza è appunto una "tecnica" che Célestin Freinet propose, integrata da altre "tecniche", quali soprattutto il giornale scolastico, scritto e prodotto dai bambini, per essere diffuso nell'ambiente circostante ed in ambienti piú lontani, tramite appunto la corrispondenza.

In quegli anni i libri di testo erano molto noiosi ed appunto "adultocentrici", e Freinet, che era un maestro di campagna, li mise da parte e cercò insieme ai suoi ragazzi e a sua moglie Élise, maestra ella stessa, un nuovo rapporto tra la scuola e la vita, un modo non libresco di fare cultura. Egli ci lasciò anche un'altra grande lezione: quella della collaborazione tra insegnanti. A insegnare infatti non si impara certo a scuola, né preparando un concorso, né studiando sui libri, anche se tutte queste attività sono importanti ed insostituibili. Si diventa dei bravi insegnanti con la pratica ed imparando dagli altri insegnanti. Purtroppo in Italia ancora oggi l'aspetto del tirocinio non è ancora sufficientemente curato, mentre, dai Decreti Delegati in poi, la dimensione collegiale è stata in varie forme valorizzata.

La corrispondenza interscolastica nella didattica delle lingue straniere

Nell'insegnamento delle lingue straniere, la corrispondenza interscolastica non è certo una novità. Qualunque sia l'approccio utilizzato, questa "tecnica" è apparsa, anche all'insegnante piú tradizionale, molto utile, soprattutto in quei paesi in cui la lingua insegnata non è una lingua seconda, ma una lingua straniera vera e propria della quale lo studente non può fare alcuna esperienza diretta.

Dal punto di vista della glottodidattica, attraverso la corrispondenza, vengono ad agire diverse funzioni linguistiche quali la funzione personale (sapersi presentare, saper esprimere i propri gusti ecc.), la funzione interpersonale (saper salutare, saper ringraziare ecc.), la funzione strumentale regolativa (saper chiedere per avere, saper dare istruzioni ecc.), la funzione referenziale (saper dare indicazioni sulla propria città, sul proprio ambiente di vita e di studio ecc.), la funzione poetico-immaginativa (attraverso lo scambio di filastrocche o di storie, spesso inventate dai bambini stessi), la funzione metalinguistica, utilizzata nel chiedere informazioni sulle parole o sugli usi della lingua.

Attraverso la pratica sono però evidenziati alcuni limiti della corrispondenza, molti dei quali derivano dall'uso coatto che spesso gli insegnanti ne hanno fatto. Tutti noi ricordiamo come, nella nostra esperienza di studenti, una bella gita sia stata rovinata dalla relazione scritta che ci veniva richiesta subito dopo. La stessa cosa spesso si può dire per la corrispondenza imposta da un insegnante solerte. Altri limiti derivano da difficoltà pratiche: spesso si comincia con tanto entusiasmo, ma poi... i ritardi postali, le malattie e le conseguenti, magari lunghe, assenze dell'insegnante, oppure la rotazione degli insegnanti stessi, producono un calo di interesse negli studenti e la corrispondenza si interrompe. Altri limiti ancora derivano dalle difficoltà che gli alunni dimostrano nell'esprimersi per iscritto in una lingua che ancora non padroneggiano. I contenuti vengono cosí ad essere spesso scarni, la correttezza formale lascia talvolta a desiderare, tanto che, se l'insegnante non è sufficientemente attento/a, c'è addirittura il rischio che i ragazzi apprendano, leggendo, modi di scrivere o di dire scorretti. Molti ragazzi poi hanno bisogno di conoscere l'interlocutore; non per tutti, infatti, scrivere ad uno sconosciuto è stimolante.

Gli scambi

Ecco allora che gli insegnanti piú accorti hanno integrato la corrispondenza con altre attività, quali lo scambio di fotografie, riviste, audiocassette, ed anche regali. Attraverso questi scambi la dimensione affettiva della corrispondenza viene a configurarsi in modo piú preciso ed al tempo stesso la dimensione culturale si concretizza in forme vicine agli interessi degli studenti. Il bambino o il ragazzo può cosí fare esperienza, attraverso la mediazione di un coetaneo (almeno in modo indiretto), di modi di vivere e di regole di condotta diverse da quelle che gli sono abituali, consolidando via via un atteggiamento di "relativismo culturale" e di accettazione di ciò che è diverso e del "diverso".

Tuttavia l'esperienza piú completa, sia dal punto di vista dell'uso della lingua studiata a scuola, sia dal punto di vista affettivo e culturale, la si realizza quando la corrispondenza viene seguita o meglio accompagnata dallo scambio. Per scambio si intende, anche nel linguaggio burocratico delle circolari, la visita che le classi si scambiano reciprocamente, che spesso si realizza anche nelle forme della reciproca ospitalità.

Gli insegnanti ed i capi d'Istituto che hanno avuto l'ardire di sfidare la burocrazia ministeriale, affrontando una pratica irta di trabocchetti insidiosi e che hanno avuto anche la pazienza necessaria per convincere i genitori, spesso titubanti, sono stati premiati da un'esperienza molto affascinante che lascia un segno nella vita dei ragazzi, dei loro professori, ed anche nella "cultura" pedagogica della scuola. Nella mia carriera di insegnante e di direttrice, ho fatto piú volte quest'esperienza affascinante ed ho partecipato anche all'entusiasmo dei genitori che hanno saputo dimostrarsi degli ospiti eccezionali, prodigandosi anche nella realizzazione di feste.

Torino, la mia città, è certo in una posizione privilegiata per gli scambi con la Francia. Tuttavia, negli ultimi tempi, problemi di tipo economico hanno reso queste iniziative sempre piú rare. Certo nulla potrà mai sostituire l'esperienza di un viaggio fatto insieme, il contatto diretto, l'uso vivo della lingua, la visita dei luoghi, il contatto con le persone che li abitano, il richiamare insieme alla memoria, a voce e per iscritto, l'esperienza vissuta. Le lettere che seguiranno poi saranno molto piú ricche... ci si ricorderà dei giochi fatti insieme, delle chiacchierate e di tante altre cose. Tuttavia, quando non è possibile realizzare uno scambio o *a latere* dello scambio stesso, le moderne tecnologie potranno esserci di grande aiuto. Ormai in quasi tutte le scuole è possibile utilizzare una videocamera ed un videoregistratore con i quali realizzare una videolettera da mandare ai nostri corrispondenti.

La videolettera
Cronaca di un'esperienza

Quest'anno ho avuto modo di condurre questa esperienza, grazie all'interesse di un gruppo di insegnanti di Montréal e di Torino. Le videolettere che abbiamo prodotto insieme o che, per meglio dire, sono state prodotte dagli studenti con l'aiuto dei loro insegnanti, hanno certo molti difetti, dovuti in buona parte alla nostra inesperienza di "cineasti". L'importanza però non è nel prodotto in sé, anche se quest'ultimo va curato e migliorato perché deve essere "bello" per chi lo vede e fonte di soddisfazione per chi lo produce. È importante il modo in cui si progetta insieme agli studenti una videolettera.

Aspetto cognitivo

L'Italia e il Canada sono due paesi molto distanti non solo geograficamente. Alcuni studenti hanno fatto un'esperienza diretta della realtà italiana nel corso di visite ai parenti. Spesso l'immagine che ne deriva è legata ad un'esperienza molto circoscritta geograficamente e culturalmente, in una dimensione paesana o regionale specifica. Altri studenti non hanno alcuna esperienza diretta ed elaborano mentalmente le immagini che derivano loro dai racconti degli adulti. Sia che l'esperienza sia stata vissuta, sia che essa sia stata pensata o desiderata, l'immaginario che ne deriva è l'elemento che occorre far emergere prima di iniziare ogni attività. La discussione collettiva fatta in classe, il confronto di idee e di esperienze, sono lo strumento migliore per aiutare gli allievi a pervenire alla consapevolezza della propria e dell'altrui opinione. Da qui nasce il desiderio di capire meglio, di verificare il proprio immaginario tramite la mediazione di chi l'Italia la conosce davvero.

Il conflitto cognitivo che può derivare dall'esperienza di corrispondenza e di videocorrispondenza, muove gli alunni a rielaborare la propria immagine dell'Italia ed a costruire nuove rappresentazioni mentali che trovano nel supporto visivo e dialogico una maggiore rispondenza nella realtà. L'insegnante può allora guidarli ad uno studio della realtà ambientale sociale e culturale della regione in cui vivono i corrispondenti, che travalica il nozionismo libresco per arrivare ad una vera costruzione del sapere. L'importante è infatti non tanto la mole delle nozioni che gli studenti apprendono, ma come le apprendono, perché da qui deriva quanto essi stessi potranno ritenere ed il loro atteggiamento esistenziale verso lo studio e verso la cultura.

Aspetto linguistico

Sotto il profilo linguistico poi la preparazione delle videolettere offre ai ragazzi l'opportunità di esperimentare un uso vivo della lingua in tutte le sue funzioni in quanto essi devono salutare, presentarsi, parlare di sé ed esprimere i propri gusti e desideri, chiedere informazioni, proporre confronti di esperienze, cantare le canzoni che hanno appreso, ecc.

La videoregistrazione consente ai giovani di rivedersi e di risentirsi, di esaminare con l'aiuto degli insegnanti e dei compagni, la propria presentazione, per valutarne i punti forti e per correggere gli errori. Questo esercizio li aiuta poi a valutare nella giusta prospettiva anche il prodotto che ricevono dai corrispondenti ed a esaminarlo criticamente.

Aspetto affettivo

Nell'apprendimento, infatti, l'aspetto cognitivo e quello affettivo interagiscono. È importante che il giovane impari a mettersi nei panni di che è "altro" da sé e che al tempo stesso elabori un'immagine di sé realistica, evitando di mitizzare o di denigrare se stesso. L'accettazione dei propri limiti e la valorizzazione delle proprie potenzialità costituiscono la base per incontrare, comprendere, valorizzare l' "altro".

Attraverso la corrispondenza e la videocorrispondenza, l'esperienza scolastica del bambino si arricchisce dal punto di vista emozionale. L'attesa, la sorpresa, l'emozione di aprire una lettera o di vedere e ascoltare i compagni lontani sono esperienze che lasciano un segno. L'emozione di conoscere, la gioia di conoscere e di fare, possono rinnovare anche il modo di "fare scuola" degli insegnanti, che attraverso un'esperienza coinvolgente, rinnovano non solo la propria didattica, ma anche un po' se stessi.

Montréal

Italianistica, cultura e insegnamento dell'italiano fuori d'Italia

Francesco Loriggio

Ci sono varie ragioni di puro buon senso intellettuale per non separare l'insegnamento dell'italiano dall'insegnamento dell'italianistica in quanto tale. Una lingua costruisce, inaugura le credenze, le usanze, la cultura in base a cui una persona fa quello che fa, ma il fare, l'agire storico ha anche le sue ripercussioni sul formarsi della lingua. Se lo studio della lingua non può non passare attraverso la linguistica —appunto la disciplina che descrive le strutture interne dell'espressione verbale, di un dato idioma— è anche vero che le vicissitudini della linguistica nel corso degli ultimi decenni mostrano quanto incompleto sia un approccio al fenomeno della lingua improntato ai metodi o agli interessi di una sola disciplina: per meglio render conto del suo oggetto di studio la linguistica, negli ultimi decenni, è dovuta diventare sociolinguistica, psicolinguistica, etnolinguistica, ha dovuto consultarsi con l'antropologia, l'intelligenza artificiale, la neurologia, e via di seguito.

Del resto, la cosiddetta questione della lingua —*topos* tipicamente italiano, e fondamentale per una riflessione sul costituirsi della koiné nazionale— chiama in causa vari campi del sapere. Il modello di lingua auspicato dai Dante, i Boccaccio, i Petrarca, i Bembo e cosí via, e illustrato in opere scritte, letterarie, offre ai posteri, grazie al suo successo, uno dei piú seducenti argomenti mediante cui reclamare l'unificazione politica. E la sua fortuna sta lì a testimoniare e del ruolo della letteratura nell'inventare, nel narrare la nazione, una data realtà storica, e del prestigio socio-politico-culturale della Toscana o della Firenze del Trecento.

Ma l'ipotesi di una frattura tra insegnamento dell'italiano e l'italianistica risulta improponibile oggi soprattutto quando si sposta l'ottica oltre i confini nazionali. Fuori d'Italia il potere d'acquisto della lingua italiana riflette —chiaramente, direttamente— il potere di acquisto dell'italianità e dell'italianistica nel mercato culturale. Che spagnolo e tedesco godano di una presenza piú robusta di quella dell'italiano nelle scuole medie e nei licei canadesi è dovuto in parte, per la prima delle due lingue, a fattori di carattere geografico, per la seconda a fattori di carattere economico e culturale. Kant, Hegel, Marx, Nietzsche, Freud, Heidegger, Adorno, Benjamin, Wittgenstein, Habermas sono pensatori tedeschi, la cui autorevolezza scientifica ha inciso moltissimo sulla modernità, si aggiunge al peso commerciale o politico di ciò che viene associato alla Germania e alla germanistica. Diverso il caso dell'Italia. Quando nel primo Ottocento si aprirono i primi istituti di italiano nell'America del Nord, l'italiano vantava ancora una sua aura classico-rinascimentale, un ragguardevole *pedigree* culturale, sia pure già parecchio sbiadito. Era ancora la lingua della *mère des arts,* e quindi il fiore all'occhiello di ogni cosmopolita di buona volontà, europeo o americano che fosse. Nel ventesimo secolo non lo è piú. Un recente volume intitolato *Fifty Key Contemporary Thinkers*[1] ricapitola, in maniera esemplare e brutale, credo, il problema cui deve far fronte l'italianista fuori d'Italia: dei cinquanta autori considerati indispensabili per un inventario della cultura moderna, solo uno, Umberto Eco, è italiano; gli altri (e il libro, bontà sua, dedica capitoli a Genette, Laclau, Kristeva e Sollers) sono per lo piú o francesi o tedeschi. Nella comparatistica letteraria nordamericana si parla della letteratura italiana per indicare come avviene la metamorfosi da letteratura maggiore a letteratura minore, in ossequio ad una ormai consolidata abitudine secondo cui i sommovimenti che hanno modificato la sostanza della cultura occidentale dal Settecento in avanti, dotandola di nuove forme e nuovi contenuti (mitologie, filosofie, generi), hanno le loro radici in quella che si può ormai comodamente chiamare cultura nordatlantica[2].

---

[1]John Lechte, *Fifty Key Contemporary Thinkers: From Structuralism to Postmodernity*, London and New York, Routledge, 1994.

[2] Gli autori di un rapporto sullo stato degli studi comparatistici negli Stati Uniti, per esempio, affermano che "[I]t should be acknowledged that minority literatures also exist within Europe; Eurocentricity in practice entails a focus on English, French, German, and Spanish literatures. Even Italian literature, with the exception of Dante, is marginalized". Il loro tentativo di relativizzare il concetto di eurocentrismo, così, in effetti, corrobora la debolezza politica della letteratura italiana nel sistema letterario europeo. È come se dicessero: "Non è esatto parlare di eurocentrismo perché anche all'interno della letteratura europea ci sono letterature minori". Vedere "The Bernheimer Report 1993", in *Comparative Literature in the Age of Multiculturalism,* a cura di Charles Bernheimer, (Baltimore, Johns Hopkins University Press, 1995), pp. 39-48. La citazione è alle pagine 44-45. Ma si veda anche il piú noto e piú influente *The Western Canon: The Books and School of the Ages.* New York, Riverhead Books, 1995, di Harold Bloom. In questo libro, che vuole essere una specie di resoconto-messa a punto dei momenti di maggior fulgore del canone letterario occidentale, Bloom offre, in appendice, delle liste di scrittori di vari paesi in cui

Semplifico, forse. Forse nell'Europa stessa le cose stanno diversamente, e visioni cosí totalizzanti, cosí perentorie vanno sfumate. Mi pare però che via via che ci si allontana dall'Europa il tutto regga. Fuori d'Italia, e poi fuori d'Europa, meditare sull'insegnamento dell'italiano significa in primo luogo chiedersi "perché" piuttosto che "come", trovare delle giustificazioni per includere l'italiano nel programma di lingue straniere, piuttosto che dilungarsi sul metodo o sulle strategie pedagogiche da adottare con gli alunni. Sulle conseguenze *anche* didattiche che questa differenza tra Italia e il fuori d'Italia comporta ritornerò tra breve, ma vale la pena osservare già qui che la perdita di aura, di autorità culturale dell'Italia nell'epoca moderna conferma e ribadisce il ruolo sociale minoritario della lingua e della cultura italiana nell'ambito in cui dovrebbe essere piú facile promuoverne l'insegnamento, ovverossia in ambito migratorio, in quei paesi dove esistono popolazioni di origine italiana.

Il riposizionamento socio-culturale innescato dalla modernità finisce in Italia per coincidere cronologicamente con l'avvento dell'emigrazione di massa, che anzi ne è, un poco, la spia. Mentre prima a lasciare l'Italia erano navigatori, esploratori, musicisti, scultori, professori di lingua, maestranze specializzate di alta qualità professionale, il grande esodo del periodo 1880-1920, oppure, poi, del secondo dopoguerra, ha come protagonisti per lo piú contadini e operai. Storicamente, l'impatto, il senso di ciascuno dei due flussi rimane ancora da valutare: si tende a dimenticare molto spesso che i vari Colombo, Caboto, Magellano erano consulenti tecnici al soldo di potenze o capitali stranieri, e dunque già di per sé forieri di subalternità, di un implicito malessere, una crisi politico-sociale che la competenza tecnica riusciva solo a mascherare. Ma sono gli effetti di lunga durata dell'emigrazione che occorre soprattutto chiosare.

Oggi si discute molto di globalizzazione, l'aspetto che meglio distinguerebbe la tarda modernità dalle altre epoche. Ebbene, il globalizzarsi, il mondializzarsi dell'economia o della cultura si deve anche, in certa misura, ai grandi spostamenti demografici degli ultimi due secoli. In un suo luminoso articolo, lo storico canadese Robert Harney definisce l'emigrazione "imperialismo dei poveri"[3]. Chi va via dal proprio

include anche i nomi piú rilevanti del pantheon italiano, ma nella sezione critica, in cui troviamo folte discussioni di, tra gli altri, Wordsworth, Jane Austen, Emily Dickinson, George Eliot, Ibsen, Pessoa, Borges, appare di nuovo solo Dante.

[3] Robert F. Harney, "L'immigrazione italiana e le frontiere della civiltà occidentale", in *Dalla frontiera alle Little Italies. Gli italiani in Canada*, Roma, Bonacci, 1984, 39-72. L'espressione "imperialismo dei poveri" è a pagina 56. In questo senso, tra l'altro, è da rileggere —nell'epoca del post-colonialismo, della

paese per stabilirsi altrove trascina la propria cultura oltre i confini nazionali. Finisce per creare sacche socioculturali staccate dallo spazio geografico o politico, e quindi contribuisce a quel lento disfacimento del legame tra territorio, cultura e lingua di cui siamo tutti testimoni nel nostro tempo. Come il precipitato, il residuo storico del colonialismo inglese e francese è stato il *Commonwealth* o la *Francophonie,* cosí l'emigrazione ha prodotto una specie di Magna Italia, un'entità sovranazionale costituita dalla penisola e dai raggruppamenti di ex-cittadini italiani e dei loro discendenti disseminati per il mondo. Soltanto che, nonostante le analogie, benché l'emigrazione sia stata uno degli strumenti dell'espansionismo europeo, essa ha partecipato a questo avvenimento con uno status molto diverso. Nel contatto colonialistico con altre genti, la propria cultura viene imposta a quella degli altri dalla stessa dinamica che presiede alla formazione di nuovi stati, cioè dagli apparati pubblici di riproduzione simbolico-culturale.

Al contrario, l'emigrazione arriva nei paesi colonizzati sempre dopo, con grave ritardo rispetto alle fondazioni (o rifondazioni) statuali, quando la fisionomia essenziale della nazione è già stata decisa o è in via di solidificarsi. Gli emigranti sono stati i vivandieri e gli sterratori —la manodopera tuttofare— dell'imperialismo europeo. Nei "nuovi mondi" in cui hanno messo piede, hanno portato cultura materiale, saperi pratici (spezie, generi alimentari, come costruire strade, edifici, coltivare terreni), non le istituzioni o le costituzioni. Hanno usufruito —e continuano ad usufruire— di vantaggi nei confronti delle popolazioni indigene, ma sempre con vari *caveat.* Uno dei quali è che la loro cultura deve rimanere presso i portatori originali, a loro uso e consumo, e a loro carico. Gli emigranti non possono contare che secondariamente sullo stato, le cui leggi garantiranno loro i diritti di cittadinanza ma non i diritti culturali, visto che un paese è colonizzato o ha un passato coloniale in tanto e in quanto la sua cultura scritta —la cultura duplicabile, la cultura della memoria archiviale-nazionale— si identifica con quella del gruppo colonizzatore. Nel Canada le lingue ufficiali sono l'inglese e il francese, e lo sono ormai per convenzione storica, sebbene piú di un terzo degli abitanti canadesi si ricolleghi ad altre culture, non-francesi e non-inglesi.

Mettere il dito sulla piaga, ponderare e/o teorizzare questa debolezza dell'italianità moderna è forse, oggi, il compito storico dell'intellettuale trapiantato nei vari altrove fuori d'Italia, che vive tale condizione giorno dopo giorno. Quali che siano gli addetti ai lavori a

storia mondializzata— l'immagine dell'Italia come "grande proletaria" che accompagna le allusioni all'emigrazione nella letteratura italiana di fine secolo. Si pensi a Pascoli.

cui sarà demandata questa responsabilità, quali le circostanze disciplinari o istituzionali, la posta in gioco sarà sempre, è chiaro, rilevante.
Nella didattica dell'italiano ne va di alcune delle premesse chiave.
Prendiamo, per esempio, la distinzione tra lingua materna, lingua straniera e lingua seconda. In un contesto multiculturale, che è quello in cui
viene a trovarsi generalmente l'emigrante italiano, le tre categorie
molto spesso si accavallano: la lingua materna non è spesso quella che si
apprende dalla madre, la lingua seconda può essere la lingua materna,
oppure anche una lingua straniera. Le etichette diventano operative
solo in rapporto alla situazione socioculturale dell'individuo. Per una
persona di cultura inglese che, nel Canada, studia l'italiano prima di
recarsi in viaggio turistico a Roma o a Venezia, o perché gli piace l'o-
pera italiana, l'italiano sarà una lingua straniera. Per un bambino nato
in Italia e appena emigrato in Canada sarà la lingua materna, la lingua che parla piú correntemente, ma una lingua che dieci anni dopo probabilmente slitterà al rango di lingua seconda. Un bambino di origine
italiana ma di quarta generazione, invece, non di rado apprende l'italiano come qualsiasi altra lingua straniera (o quasi).

Piú precisamente, le distinzioni su cui poggiano le strategie d'insegnamento della lingua italiana all'estero presuppongono una distinzione preliminare che ha a che fare con l'anagrafe dei discenti e dei bisogni a cui essa rimanda. Nel Canada la studentesca che segue corsi d'i-
taliano include sempre una significativa percentuale di alunni di origine italiana (a livello delle scuole elementari, delle scuole medie e
dei licei, le classi di italiano sono composte quasi interamente da figli
di emigranti; nelle università, dove l'insegnamento dell'italiano si
svolge sotto l'egida dei dipartimenti di lingue straniere, e dove dunque
scattano le distinzioni di cui sopra, le percentuali sono meno alte ma
sempre di notevole proporzione). Per questi studenti l'italiano ha una
funzione specifica: serve, oltre che a comunicare, a mantenere l'identità
etnica.

Se la strategia didattica è —o dovrebbe essere— determinata dalla
funzione a cui è adibita la lingua, allora il dibattito che suscita l'insegnamento dell'italiano all'estero non può essere soltanto un dibattito
linguistico, di pertinenza della linguistica né tanto meno un semplice
dibattito di metodo pedagogico. Di nuovo, come insegnare e cosa
insegnare (quale italiano?) sono indubbiamente problemi fondamentali,
ma per rispondere occorre innanzitutto saper dire perché l'italiano si
deve insegnare. Nella realtà pratica, concreta del fuori d'Italia —e
parlo adesso dell'America del Nord, specificamente del Canada—
quando si tratta di giustificare richieste di sovvenzioni governative per
aprire o per preservare una sezione di italiano in una scuola media o in
un liceo o in un dipartimento di lingue moderne, questa è *la* domanda:

intorno ad essa graviterà tutto il resto. Ed è una domanda che esula dalle prerogative disciplinari della linguistica o della pedagogia: vi rispondono meglio, con maggior esattezza e attualità, la sociologia o l'antropologia o i *cultural studies.*

Qualsiasi lingua, qualsiasi italiano può aiutare a conservare la propria identità etnica. In *Passione,* un dramma del commediografo statunitense Albert Innaurato, ambientato nella comunità italo-americana, leggiamo battute come "I see gabadaghoul, salami, pickles, some green olives, cream puffs, tripe, baccala, and some kind of ground meat" oppure come "I schive electric coffee!"[4]. "Gabadaghoul" e "I schive", espressioni del repertorio linguistico degli italo-americani di South Philadelphia, stanno per "capicollo" e per "non mi piace" (con il secondo dei due campioni, l'alterazione è al contempo fonetica, grammaticale e semantica: l'italiano da cui deriva, "mi fa schifo", ha un signi ficato molto piú forte). In *Gemini,* un'altra opera teatrale dello stesso autore, i protagonisti parlano un italiano meno distorto, lo "Harvard Italian"[5], somministrato loro nel dipartimento di lingue straniere dell'università che hanno frequentato (e si distinguono in questo dai loro genitori, che parlano dialetto, "a kind of nigger Italian"[6], l'equivalente italiano, spiega un personaggio, dell'inglese afro-americano). Sia la lingua mitica della famiglia, i brandelli di italiano dialettale tramandato oralmente da una generazione all'altra, sia la lingua scritta, pubblica —e foneticamente e grammaticalmente corretta— dei figli o dei nipoti scolarizzati degli emigranti assolvono a richieste identitarie. L'analisi del valore pedagogico di ciascuna delle due lingue, l'attivazione di qualsivoglia strumento di ricerca nei loro riguardi, non può prescindere dalla loro funzione.

Impostato in questi termini, il discorso sulla didattica cambia drasticamente. La tematica dell'identità ne permea un po' tutto l'impianto, a partire dal supporto metateorico. Tra le premesse piú fortemente interessate segnalerei almeno le seguenti, nodali, a mio parere.

1. L'enfasi sulla funzione identitaria costringe chi agisce nel campo della didattica dell'italiano ad invertire priorità abituali, ad attenuare ogni parvenza di ontologismo linguistico. La sola conoscenza di una lingua non basta per assicurarsi un'identità, ove ad essa non si accompagna una certa propensione per/una certa memoria di certe prati-

---

[4] Albert F. Innaurato, *Passione,* (New York, Dramatists Play Service, 1981), p. 19 e p. 20.

[5] Albert F. Innaurato, *Gemini, the Transfiguration of Benno Blimpie,* (Clifton, N.J., James White & Co, 1978), p. 17.

[6] *Ibid.*

che (usanze, credenze) culturali. Al limite è piú facilmente concepibile (è quanto succede in realtà, adesso, dopo tre o quattro generazioni, con i discendenti di emigranti) un prolungamento dell'italianità senza lingua che senza nessun legame con determinati modelli culturali.

2. Dall'inizio degli anni Ottanta in qua si è, giustamente, voluto porre una certa enfasi sul cachet cognitivo del bilinguismo. Ma l'attualità del cognitivismo e le sue applicazioni in glottodidattica non sminuiscono il privilegio del fuori, dell'esterno —rispetto all'interno— su cui fa perno la funzione identitaria. Sono processi sociali, politici che determinano i modi e i tempi dell'identità. Teoricamente (o metateoricamente) sembrerebbe non meno utile, oggi, per lo studioso di glottodidattica, recuperare la storia o la componente storica dell'apprendimento della lingua. Dopotutto "scuola storica" è la voce sotto cui si cataloga ancora il progetto di ricerca di un precursore del cognitivismo come Vygotskij. Il vecchio motto costruttivista che afferma che "nothing is in the mind that was not first in the conversation"[7] ritiene ancora una sua suggestività e una sua validità: la lingua si "interiorizza", si intreccia e si compenetra con i meccanismi del pensiero, ma mediante un suo *iter*, previo il contatto con gli altri, il dialogo a cui alludevano Vygotskij[8] e, dopo di lui, pensatori come Michail Bachtin o Jurij Lotman (per citare solo la tradizione russa e tacere di altre culture o di altri pensatori)[9]. Dialogismo e cognitivismo vanno integrati.

3. L'insegnamento dell'italiano non sarà mai semplicemente un lavoro di restauro, che mira a trasferire pari pari, fuori d'Italia, la realtà, i rapporti sociali a cui fa capo la lingua in Italia. Si preferisca l'idea di frammentazione (che il vocabolario degli ultimi due decenni, con i suoi riferimenti al meticciato, all'ibridismo in cui culminerebbe ogni spostamento diasporico, sembra favorire) o si preferisca l'idea, altrettanto

---

[7] La frase è di Rom Harré. Vedere il suo *Personal Being*, Oxford, Basil Blackwell, 1983, p. 116.

[8] Questa è, direi, la più grande lezione di Vygotskij. Per lo studioso russo il discorso interno e il discorso egocentrico del bambino hanno le loro radici nel discorso socializzato o comunicativo. Vedere *Thought and Language*, (Cambridge, Mass., MIT Press, 1962), p. 19: "Egocentric speech emerges when the child transfers social, collaborative forms of behaviour to the sphere of inner-personal psychic functions."

[9] Il pensiero di Bachtin sul dialogo appare forse nella sua forma più concisa in "Il problema del testo nella linguistica, nella filologia e nelle altre scienze umane". Vedere *L'autore e l'eroe. Teoria letteraria e scienze umane*, a cura di Clara Strada Janovič (Torino, Einaudi, 1988), pp. 290-319. Jurij Lotman esamina le due nozioni di dialogo e di dialogismo nel volume *La semiosfera*. Venezia, Marsilio Editore, 1985.

pertinente, di moltiplicazione, di doppiezza culturale, l'identità che all'estero si cerca di preservare non è piú un'identità unitaria, un'identità al singolare. L'emigrante non è tenuto a vigilare con lo stesso grado di preoccupazione sugli obblighi sociopolitici che assillano i suoi ex-compatrioti e di cui è simbolo e veicolo la lingua (la nazione, la compattezza geopolitica del paese eccetera). L'aggancio con l'italianità gli serve per salvaguardare quella componente di sé piú passibile di deriva, piú esposta alle distorsioni che imprime il tempo o la distanza spaziale, ma non è, lui, piú italiano di quanto, ad un certo momento della sua vita fuori d'Italia, non sia canadese o australiano o tedesco o francese.

All'estero l'insegnamento della lingua del sí rientra in un quadro socioantropologico in cui l'italianità si arricchisce di un suo punto di fuga, di un suo divenire altro, aperto a varie possibili estensioni. O meglio: il fatto che ci siano italo-canadesi, italo-australiani, italo-statunitensi, italo-francesi, con tutto ciò che questo comporta di non strettamente nazionale, è parte della storia dell'Italia, come è parte della storia del Canada, dell'Australia, degli Stati Uniti, della Francia. Lo scarto tra territorio, lingua e cultura che gli emigranti o gli oriundi vivono emblematicamente (perché al di là di tutti gli attaccamenti, tutti i rimpianti, tutto il pathos della loro condizione si sono impegnati a costruirsi una vita altrove) è ormai una norma storica. Ed è irreversibile. Rifare l'Italia all'estero non si può: mancherebbe sempre il territorio. E in ogni modo pensare di doverla ricostituire svenderebbe all'ingrosso la "fatica" sociale, culturale o esistenziale di coloro che sono stati —letteralmente— dei fuoriusciti. L'importante è che non si creda che ciò che si verifica nell'Italia fuori d'Italia lasci intatta la nozione di italianità (che gli emigranti non credano che saper parlare l'italiano dia loro tutto il tasso di identità di cui hanno bisogno, o che gli italiani d'Italia non credano che senza la loro versione dell'italiano o senza l'italiano *tout court* non ci sia salute, non ci sia cultura o storia italiana).

4. Nel riabilitare il fuori, il culturale, il politico si riabilita la contingenza spazio-culturale dell'identità contro ciò che sa di astrattamente universale. Si rivaluta il contenuto contro il primato della forma. I processi cognitivi saranno anche uguali dappertutto, ma i significati che essi elaborano non lo sono. Riadattando l'analogia tra cervello e computer cara ai fautori dell'intelligenza artificiale, si potrebbe paragonare l'identità ad una banca di dati: l'immagazzinamento si verifica secondo alcune regole, alcune costanti di fondo, ma che vadano dentro certi dati e non altri non è poi un dettaglio minore. Su questo la glottodidattica non può sorvolare: si ispiri al cognitivismo o ad altre discipline,

deve tuttavia tener conto delle asimmetrie, degli elementi locali, pena esclusioni che peserebbero gravemente sulla teoria.

Per formulare il concetto in un gergo diverso, quello della semiotica, se si caldeggia l'uso di un metodo "comunicazionale" per l'insegnamento dell'italiano, non si risolve mai tutto con la nozione di codice, sottolineando che è l'apprendimento delle regole della lingua che ci consente di decifrare i suoni con cui l'interlocutore si rivolge a noi. Nella prosa quotidiana l'occasione piú frequente per comunicare è offerta dal dialogo, nel quale però piú che il desiderio di farsi comprendere, prevale il desiderio di trasmettere informazione, di esprimere quello che l'interlocutore non sa. Dovesse la comunicazione esaurirsi nell'applicazione delle regole di un codice o nella semplice ricezione del discorso altrui non ci sarebbe nessuno stimolo per parlare: sapremmo già quello che sa la persona con cui stiamo comunicando, oppure una volta saputolo non sarebbe necessario andare oltre la prima battuta. Il dialogo pluralizza sempre, si nutre della diversità, delle differenze prospettiche che gli interlocutori incarnano. Solo il discorso autoritario, il decreto, non ammette repliche. Scrive Bachtin:

> La *comprensione creativa* non rinuncia a sé, al proprio posto nel tempo, alla propria cultura e non dimentica nulla. Di grande momento per la comprensione è l'*extralocalità* del comprendente, il suo trovarsi fuori nel tempo, nello spazio, nella cultura rispetto a ciò che egli vuole creativamente comprendere. L'uomo non può veramente vedere e interpretare nel suo complesso neppure il proprio aspetto esteriore e non c'è specchio e fotografia che lo possa aiutare; il suo vero aspetto esteriore lo possono vedere e capire soltanto gli altri, grazie alla loro extralocalità spaziale e grazie al fatto di essere *altri*...
>
> Nel campo della cultura l'extralocalità è la piú possente leva per la comprensione... Noi poniamo ad un'altrui cultura nuove domande che essa non ci poneva e cerchiamo in essa risposte a queste nostre domande, e l'altrui cultura ci risponde, svelandoci suoi nuovi aspetti, sue nuove profondità di senso. Senza *proprie* domande non si può capire creativamente nulla di ciò che è altro ed altrui...[10]

Un italo-canadese è diverso da un italo-australiano perché abita un particolare contesto culturale e semantico, un contesto non ripetibile. La coerenza teorica ci impone quantomeno di lasciar riverberare le implicazioni di tale non-ripetibilità nei moduli con cui lavoriamo. Insegnare ad uno studente italo-canadese a comunicare informazione non lo si fa per mezzo di strumenti che esaltano la simmetria, la ripetibilità, lo standard uguale per tutti.

---

[10] M. Bachtin, "Risposta ad una domanda della redazione del 'Novyj Mir'"; in *L'autore e l'eroe, cit.*, pp. 347-48.

5. Alla costruzione dell'identità concorrono, insieme alla lingua, testi e rappresentazioni di varia natura (televisivi, mitologici, letterari: perfino le "sceneggiature" su cui si sono spesso soffermati i cognitivisti, i ritagli di vita che impariamo ad imitare e mediante i quali riusciamo a funzionare nel mondo — a comprare un biglietto di lotteria, ad ordinare una pietanza in un ristorante — sono delle piccole rappresentazioni, come indica la stessa terminologia teatrale adoperata dagli specialisti)[11]. All'estero, per gli italofoni o per i discendenti di italofoni i testi e le rappresentazioni con cui deve confrontarsi la glottodidattica —una glottodidattica che ha, è bene ricordarlo, anche il ruolo di rafforzare l'identità— sono raramente in italiano. La socializzazione primaria in Canada si acquisisce su testi in inglese o in francese, e così pure, nella stragrande maggioranza dei casi, la socializzazione secondaria. Sono poche, alla fin fine, le sceneggiature "parlate" in italiano o in una lingua para-italiana (un dialetto oppure l'"italiese" delle comunità emigranti di città come Toronto). Topografie informali —pittoresche per i visitatori e voluttuarie per gli emigranti—, i quartieri italiani non hanno nessuna consistenza giuridica. Non sono un territorio. Per le strade o nei negozi si sentiranno spezzoni di italiano qui e lì, ma l'italiano non può essere la loro lingua ufficiale, una lingua nazionale. Quanto ai testi che offrono agli emigranti italiani la biografia culturale in cui specchiarsi, che narrano in Canada l'italo-canadesità, essi invece sono per lo più scritti nelle lingue nazionali. Poiché la glottodidattica non può, nelle sue strategie pedagogiche, fare a meno delle rappresentazioni, e poiché all'estero le rappresentazioni canoniche sono in altre lingue, chi insegna italiano deve, oltre a sapersi destreggiare tra discipline diverse, saper orchestrare il plurilinguismo dei discenti e la diversità linguistica dei testi culturali dei singoli paesi. Nel compilare il curricolo e in classe, quotidianamente. Fuori d'Italia, l'insegnamento dell'italiano è un piccolo crocevia didattico, in cui l'italiano si cimenta con la storia attuale.

Sul piano prettamente pedagogico, la preeminenza della tematica dell'identità suscita considerazioni non meno imbarazzanti. Eccone —tratteggiate sempre velocemente— alcune:

---

[11] Mi riferisco qui semplicemente a termini come "script" o anche a concetti come quello di "frame", fondamentali per lo sviluppo dell'intelligenza artificiale. Vedere Roger Schank and Robert Abelson, *Scripts, Plans; Goals and Understanding: An Inquiry into Human Knowledge Structures*. Hillsdale, N.J., Lawrence Erlbaum Associates, 1977 e M. Minsky, "Frame-system Theory", in *Thinking: Readings in Cognitive Science.*. a cura di P.N. Johnson-Laird e P. C. Wason. (Cambridge, Cambridge University Press, 1977), 355-376.

1. L'aula è lo spazio pedagogico per antonomasia. Ma fuori d'Italia non appena l'insegnamento si avvia ad esplicare funzioni identitarie, le barriere istituzionali mostrano subito le loro insufficienze. Nel Canada le classi elementari e medie, gestite dalle comunità italiane, e tenute il sabato, al di qua o al di là dell'orario scolastico normale, sono frequentate da figli o da nipoti di emigranti per lo più anglofoni. Circa tre ore di italiano la settimana, condensate in un solo giorno, che è tra l'altro giorno di pausa per gli studenti appartenenti ai gruppi maggioritari, hanno come effetto massimo quello di potenziare la competenza passiva. Non possono produrre una competenza attiva della lingua, se poi nell'ambito famigliare gli studenti si trovano di fronte ad una realtà che offre pochissimi incentivi. Per ovvi motivi (bassa scolarità, scarsa dimestichezza con l'italiano nazionale, nessuna o quasi predisposizione alla lettura dell'italiano scritto), i loro genitori e i loro parenti adulti non sono preparati a resistere, anche in ambito privato, alle interferenze, ai processi di assimilazione, alla lenta erosione del proprio patrimonio linguistico-culturale. Si abbandonano alla soluzione meno onerosa, imparando l'inglese dai loro figli piuttosto che cercare di favorire l'apprendimento dell'italiano, oppure comunicando in un dialetto che, per innato, atavico senso di inferiorità, concepiscono come una non-lingua, quindi rendendo fin dal principio impraticabile l'opzione del bilinguismo (o del trilinguismo). Sembrerebbe più giusto, all'estero, fino a quando gli studenti non arrivano ad una certa età, definire l'unità di docenza in maniera tale da poter includere l'intera famiglia. Da classi speciali del sabato, intese per loro, da programmi di sensibilizzazione, i genitori avrebbero da profittare tanto quanto i loro figli, soprattutto se l'obiettivo fosse di promuovere, insieme ad una maggiore consapevolezza linguistica, una maggior conoscenza del nuovo paese e una maggior consapevolezza della loro condizione storica, del loro fondamentale ruolo culturale.

2. All'università, che è un'istituzione pubblica e dove gli studenti dei dipartimenti d'italiano sono insieme adulti e di diversa provenienza etnica, il dilemma sta nella stessa varietà dei bisogni. È materialmente impossibile, con le risorse su cui si deve contare in un momento di gravi restrizioni budgetarie, organizzare un programma di studi che risponda adeguatamente ad una clientela per la quale l'italiano è ora una lingua straniera o una lingua di formazione intellettuale, ora una seconda lingua, ora tutte queste insieme. Ma le risorse non eliminerebbero le difficoltà pedagogiche. Nell'insegnamento il rimando referenziale privilegiato della lingua italiana è l'Italia, la sua storia e il suo territorio o può essere anche il mondo in cui vivono gli studenti? Nella seconda alternativa, come inserire la doppiezza culturale degli studenti di origine

italiana e i testi, le rappresentazioni allofone (non-italiane) a cui essa
è anche associata nel curricolo, senza contravvenire all'assioma secondo
cui nell'insegnare una lingua ci si attiene alla storia del paese per il
quale quella lingua è l'idioma nazionale? Come innestare il vissuto dei
discenti nello studio dell'italiano, come congegnare i processi di acculturazione, de-acculturazione e ri-acculturazione che un simile innesto
sottintende? Per il tramite di quale strategia pedagogica rivivificare
l'italiano fuori d'Italia, nel dosaggio che gli pertiene (l'italiano nel
Canada non può —né dovrebbe— prendere il posto dell'inglese o del
francese presso i suoi utenti, e tuttavia all'estero l'italiano, per avere
durata non provvisoria, deve riuscire a trasmutarsi da lingua mitica, da
lingua degli antenati o di un altrove memorizzato a lingua capace di
parlare il presente, di commentare o di inventare l'*hic et nunc*)?

3. Professionalità, appropriata padronanza dello strumentario disciplinare (nella fattispecie, della linguistica e della glottodidattica):
questi i requisiti tradizionali del docente ben temperato, e ad essi
niente può sopperire. Il dubbio che sorge è se, essendo necessari, essi
siano anche sufficienti. Come già accennato, in un clima di multiculturalismo reale entrano in gioco meccanismi non puramente linguistici o glottodidattici. Ad una preponderante frazione degli studenti il docente di
italiano insegna qualcos'altro: come definirsi, come essere se stessi. E
l'identità non è una nozione da assegnare ad un dato, preciso sapere, che
una sola disciplina possa accaparrarsi. Inoltre, al docente è richiesto
qualcosa di piú che conoscenze tecniche o specialistiche. Le teorie di
Gramsci sul rapporto tra intellettuali e cultura, ricusate ora in Italia,
rimangono attualissime in America o nelle ex-colonie. Volente o no-
lente, in dati momenti, per date persone, chi impartisce lezioni d'italiano ai discendenti di emigranti italiani in paesi come il Canada o
l'Australia o gli Stati Uniti, aiuta a preservare una determinata storia. Facendo opera di conservazione (non di conservatorismo!), diventa
automaticamente promotore di una certa idea di convivenza socioculta-
rale: è insieme uno degli inevitabili alfieri del pluralismo e uno dei
suoi molti inconsapevoli artefici. Fuori d'Italia tra il docente e gli
alunni si stabilisce, se non l'organicità di gramsciana memoria, una
complicità socio-psicologica, che non prenderà forse la forma di esplicito attivismo ma è un capitale pedagogico non secondario, da spendere
con oculatezza. Mentre senza scienza l'empatia è vuota passione, sterile
o innocuo spreco di energia, senza la capacità di immedesimarsi con i discenti, di calarsi nei loro panni, senza nesssun coinvolgimento personale,
non si ha né passione né scienza.

4. La glottodidattica italiana ha finora rimediato alla differenza tra
l'insegnamento dell'italiano in Italia e l'insegnamento dell'italiano
all'estero con il correttivo dei corsi di aggiornamento, tenuti generalmente nella penisola e a teleologia ampiamente tecnica (lo scopo è di
ragguagliare i docenti sui piú recenti dibattiti teorici della linguistica
e sul loro *décalage* applicativo nel campo della pedagogia dell'italiano). Curiosamente, per un periodo che ha meditato molto sui metodi
comunicativi, ciò che è venuto a mancare è il dialogo, nel piú ovvio e piú
banale dei suoi aspetti, l'alternanza della presa di parola. I docenti
italiani hanno altrettanto da imparare dai loro colleghi che questi dai
loro corrispettivi italiani. Il rischio di un aggiornamento unidirezionale, confezionato a beneficio dei docenti che risiedono all'estero, è che
si attribuisca ai problemi o ai contenuti locali la funzione di puri riempitivi (mentre, da parte loro, le regole, i codici, sebbene propongano un
italiano *made in Italy*, non avrebbero geografia, sarebbero semplicemente da imitare).

Molto spesso l'incontro "aggiornativo" evita proprio le interrogazioni piú scottanti, piú attuali, piú legate alla storia, a cominciare dal
significato che assume l'aggettivo "italiano" in un'epoca di grandi dispersioni demografiche, in cui la cultura ha una sua sempre piú vistosa
dimensione diasporica. Sicché quello che finora è stata un'insufficienza
teorica da parte degli intellettuali di origine italiana che vivono all'estero, dovuta alla loro incapacità di palesare, di articolare la loro
esperienza, o, se vogliamo, la loro italianità, viene erroneamente interpretata alla stregua di un semplice errore, di una deviazione dalle
norme (le quali sono fuori concorso, fuori discussione, non soggette ad influenze esteriori, alla replica dell'interlocutore). In linguistica, come
nello studio della cultura, si confonde —o non si distingue bene— tra l'elemento trasformativo e l'elemento distorsivo che va corretto: si rinuncia *a priori* a considerare la sottile dialettica per cui fuori d'Italia la
preservazione della lingua e della cultura è un progetto, un progetto
perseguito piú deliberatamente che in Italia, e quindi sintomo di un mutamento in atto.

Non pretenderò di poter chiosare piú estesamente queste osservazioni, di poter individuare il marchingegno grazie a cui il disagio generalizzato che vi traspare si traduce in lieto fine metodologico. Sta agli
specialisti inventare le strategie pedagogiche piú adatte alle circostanze dei loro discenti. Mi premeva qui far notare che se gli specialisti
prima o poi si trovano —e debbono trovarsi— alle prese con il loro specifico linguaggio, con le esigenze della loro specifica disciplina, i temi e
i problemi che animano le controversie di un campo disciplinare sono di

dominio pubblico, di carattere storico-antropologico, o perfino, molto spesso, politico.

Gli esiti di volta in volta particolari, specializzati, hanno preamboli interdisciplinari, che attirano intorno a sé fasce commiste di intellettuali. Allo scarso dialogo, alle incomprensioni tra i docenti che insegnano italiano in Italia e i docenti che lo insegnano all'estero si potrebbe ovviare infittendo gli scambi; oppure, meglio ancora, istituendo corsi di aggiornamento in sedi straniere, anche per i docenti italiani non adeguatamente familiari con la realtà socio-culturale delle comunità a cui sono destinati i loro manuali. Ma il successo di iniziative di questo tipo dipende sempre dai mezzi che vi si investono. E, comunque, fosse pure la congiuntura economica favorevole, si deve prima credere nell'utilità degli scambi intercontinentali, dei corsi di aggiornamento fuori d'Italia, il che riconduce ancora oltre i perimetri e i parametri disciplinari. Ugualmente, non ci vuole molto a capire che l'attuale impalcatura curricolare dei dipartimenti d'italiano nelle università statunitensi o canadesi mal si addice alle diverse mansioni pedagogiche che essi vengono a coprire. Autodichiararsi dipartimento di "lingua e letteratura" andava bene nel secolo scorso, quando i testi e le rappresentazioni piú influenti erano di matrice linguistica o letteraria e la cultura italiana godeva di un suo qualche appannaggio. Va meno bene in un'epoca in cui l'etichetta urta palesemente contro la storia e le obiezioni del contribuente (c'è un universo culturale audiovisivo che sfugge parzialmente alla lingua; le lingue e le letterature che si insegnano nelle università nordamericane sono ancora troppo spesso le lingue europee: non c'è ancora spazio per dipartimenti di giapponese o di cinese, malgrado la forte concentrazione di cittadini provenienti dalla Cina o dal Giappone e sebbene si abbiano tutte le motivazioni pratiche —economico-commerciali— perché le culture di quei paesi siano studiate nel Canada o negli Stati Uniti).

E oggi come oggi rimaneggiare, ristrutturare il programma di studi in modo che sia debitamente eterogeneo e flessibile, che risponda alle esigenze disciplinari dell'italianistica e alle esigenze degli studenti (che, cioè, mantenga in stretto addentellato lingua, letteratura e cultura e possa accogliere chi segue corsi d'italiano per arricchire la sua formazione, il turista in procinto di intraprendere un viaggio in Italia e le seconde, terze o quarte generazioni di italo-americani o italo-canadesi) non si fa piú con sola buona volontà intellettuale, o mediante un apposito appello alla ragion accademica. Non per nulla i dipartimenti trainanti nelle facoltà con sezioni linguistico-letterarie, i dipartimenti meno colpiti dal giro di vite budgetario degli ultimi anni sono stati i dipartimenti di inglese negli Stati Uniti e di inglese e/o francese nel Canada. I quali, avendo il vantaggio di insegnare lingue e letterature "ufficiali", essendo i soli dipartimenti che ufficialmente riconnettono la lingua o la letteratura alla nazione, non possono perdere l'appoggio delle autorità universitarie.

Sono queste le istanze che campeggiano nelle riunioni dei consigli di facoltà o dei senati accademici e con cui i docenti di italiano devono cimentarsi. Né l'aggettivo "ufficiale", né l'aggettivo "straniero" rispecchia perfettamente la realtà demografica nordamericana. L'italiano o il tedesco o il russo o lo spagnolo non sono lingue straniere per milioni di cittadini statunitensi o canadesi. Pertanto l'intero assetto istituzionale delle lingue e delle letterature sarebbe da modificare. Ma per esplorare a dovere queste sollecitazioni, per riuscire ad intravedere sbocchi curricolari piú socialmente avvertiti o piú logicamente attendibili di quelle attuali, bisogna saper spingersi oltre i confini disciplinari e saper prestare piú attenzione alle connivenze, ai sotterranei andirivieni tra professione, disciplina e società.

Come era forse inevitabile, ritorno, dunque, nel concludere, al punto di partenza. A mio avviso è imperativo, nel rimuginare il ruolo della didattica dell'italiano o dell'italianistica fuori d'Italia, tener ben presente il particolare misto di solidarietà e di alterità che caratterizza il rapporto tra gli oriundi italiani e gli italiani in patria. L'emigrante che abita in Canada dopo un soggiorno di una certa lunghezza è insieme canadese-italiano e italo-canadese, anche quando accentua ora l'uno ora l'altro degli ingredienti della sua fedina. Su questo è necessario insistere, nonostante la sua banalità, anche perché dal lato italiano dell'orizzonte che circoscrive la realtà di chi vive all'estero pervengono segnali contrastanti. Nelle comunità all'estero si apprezzano molto gli sforzi compiuti dal governo italiano nell'ultimo decennio per adeguare la propria politica culturale al clima del tempo. Gli accordi bilaterali con quei paesi che ospitano un numero sufficientemente ampio di emigranti italiani hanno facilitato i contatti, non ultimo tra studiosi. Anche le leggi che hanno permesso agli oriundi di riacquistare il passaporto italiano, e quindi di avvalersi di una seconda cittadinanza, sono state un grande passo avanti. Ciò che disturba è lo spirito nazionalistico che sembra sorreggere l'intensificarsi dell'interesse verso l'Italia fuori d'Italia. A parte i giochi di partito —o addirittura bassamente elettorali— di cui sono ostaggio sia la politica culturale italiana, sia i soggetti a cui essa è indirizzata, l'impressione che si ha, spesso, è che gli emigranti sono piú che mai *los indios de por acà*[12], e

---

[12] Sono i termini con cui il gesuita Michele Navarro descrive le popolazioni della Calabria e della Sicilia in una lettera del 1575. Ernesto De Martino, che cita queste parole in *La terra del rimorso* (Milano, Il Saggiatore, 1961), p. 23 e che di queste parole offre un celebre commento, nota che le Indie erano, per la Chiesa

sembra quindi che dall'Italia ci si accosti alle comunità italiane all'e-
stero con un atteggiamento vagamente apostolico o missionario, quasi si
volesse esercitare su di esse un neo-colonialismo che la storia ha voluto
negare per altre vie, come se il fuori d'Italia fosse un surrogato delle co-
lonie mancate o perdute.

Cosí chi è stato preso dal fluire e rifluire della marea economico-so-
ciale ed è dovuto andar via da un'Italia che non riusciva a trattenerlo
deve, oggi, per guadagnarsi la sua patina di italianità culturale, riat-
trezzarsi, ri-italianizzarsi, sottoporsi ad una seconda acculturazione
che minimizza o azzera la portata della sua esperienza, e quindi la
nega. E per questo che nei suoi presupposti la didattica dell'italiano
nelle aule in cui ci sono emigranti rieccheggia il modulo della mimesi a
senso unico, lo schema che storicamente riconsegna a certi gruppi l'obbligo di riprodurre la visione del mondo, le ideologie altrui[13]. Io spero
che la glottodidattica possa giungere dove deve giungere la cultura,
possa approdare ad una qualche forma di reciprocità, di vera conversazione.

Il processo di riproduzione dell'italianità è di nuovo oggi —dopo
l'unità, e dopo l'evento altrettanto epocale della diaspora, dell'esodo
demografico— un processo di ricostruzione. Nello scrivere e nel descri-

---

del periodo della Controriforma, un parallelo quasi obbligato nell'alludere al
meridione italiano. Non ho il tempo qui per riattualizzare in tutta la loro
suggestività le pagine di De Martino, ricollegandole alla situazione degli
emigranti italiani dell'Ottocento e del Novecento. Mi limito a constatare che gli
emigranti, in effetti, sono andati in quelle che erano *las Indias,* ex-colonie, e
spesso sono vissuti accanto a *los indios.*

[13] Sul concetto di mimesi, in questa sua accezione storica, e sul rapporto con il colonialismo è in corso una discussione molto vivace nella critica letteraria e
nelle scienze umane nordamericane. Per un primo assaggio citerei Michael
Taussig, *Mimesis and Alterity: A Particular History of the Senses,* London and
New York, Routledge, 1993 e Homi Bhabha, "Of mimicry and man: The ambiva-
lence of colonial discourse", in *The Location of Culture* (London and New York,
Routledge, 1994), pp. 85-92. Uno dei punti piú controversi concerne il senso da
attribuire alla mimesi. Per un gruppo subalterno imitare un discorso dominante
è piú positivo che negativo o piú negativo che positivo? Imparando la cultura
altrui si acquista la capacità di sovvertirla con i suoi stessi mezzi o si rimane
impigliati in un'acculturazione per sempre irreversibile (per liberarsi della do-
minazione si deve prima diventare come i dominatori)? Il caso degli emigranti è
piú sfumato e piú complesso. La loro subalternità non è paragonabile direttamente a quella dei popoli colonizzati, se non altro in quanto gli emigranti europei hanno contribuito a rafforzare l'espansionismo europeo colonizzante. Ma
gli emigranti sono anche totalmente subalterni, cioè subalterni sia nei riguardi
delle culture dominanti dei paesi che li ospitano, sia nei riguardi della cultura
del paese di origine, mai dunque con una voce propria.

vere la storia di *questa* Italia, che è la storia di un'Italia dinamica, di uno spazio-tempo nazionale e post-nazionale, di simmetrie e di asimmetrie, il fuori d'Italia può avere voce in capitolo senza dover prima cancellare, redimere la sua alterità. Per gli emigranti, per gli oriundi, partecipare alla conversazione significherà forse ammettere che l'Italia di Harvard esiste ed è un'Italia che devono imparare a conoscere, che il loro futuro è il bilinguismo o il trilinguismo, non semplicemente la lingua o la cultura italo-americana o italo-canadese, che tra gli studenti sono loro, particolarmente, che l'insegnamento interpella, a cui viene lanciata la sfida intellettuale più difficile, più impegnativa (in quanto l'italiano e la cultura italiana la devono affrontare su vari livelli e con diverse motivazioni allo stesso tempo). Ma l'Italia "italiana" non si aprirà al dialogo se non quando sarà capace di inserire in sé, di lasciar risuonare dentro di sé l'Italia extra-territoriale, e non imparerà a trarre profitto da ciò che a volte sembra ritardo, anacronismo, fissazione nostalgica ed è l'effetto di una distanza, di uno iato interpretativo ormai per sempre inerente alla sua storia. La didattica dell'italiano, insomma, deve essa stessa accettare di essere meno statica di quanto non lo sia stata, di farsi plurale e dinamica.

Carleton University

Co-investigation in Learning: Teaching to Learn and Learning to Teach•

Claudia Persi Haines

Non so se l'aver suggerito un titolo in inglese —nonostante avessi deciso di scrivere la mia comunicazione in italiano— si debba attribuire a qualche "endogenous factor causing code-switching" nella persona bilingue, o a un semplice impulso "of the bilingual personality, nella "simultaneous choice of two codes" (cfr. Titone 1987, 1988a, 1988b). Sta di fatto che ora, per un fattore esogeno, "a tendency to adapt communicational forms to the interlocutor" (Titone 1987), parlerò in italiano. Piú precisamente, nel contesto dell'insegnamento e apprendimento dell'italiano come HERITAGE LANGUAGE in Canada, la mia comunicazione verterà su tre domande corredate, s'intende, da una premessa e da una conclusione.

Dopo aver sentito la relazione di Renzo Titone per l'apertura del convegno, ritengo di dover fare due brevi precisazioni. La prima è che la mia premessa sarà, in parte, una reiterazione delle nozioni —già presentate— sul bilinguismo precoce. Un invito, quindi, ad ascoltare pazientemente un'introduzione che conterrà delle idee già note, anche per i continui, impliciti riferimenti a ricerche che tutti già conoscete. La seconda precisazione è sul termine "seconda lingua" usato da Renzo Titone nella sua relazione sull'insegnamento dell'italiano come lingua etnica. Per seconda lingua io intendo invece una lingua appresa contemporaneamente, o in seguito, all'acquisizione della lingua materna, pur che sia, però, una lingua tradizionalmente usata, ufficialmente riconosciuta nel paese. Per intenderci, una seconda lingua è per me il francese in Canada, ma non il francese negli Stati Uniti.

1.1. Ed ora posso iniziare la mia breve introduzione, riferendomi a delle idee già discusse, ovvero al fatto che la conoscenza e l'uso di due o più lingue è di vitale importanza, soprattutto, ma non esclusivamente, in paesi multietnici e plurilingui.

• Ho ritenuto inopportuno riscrivere la mia relazione per la pubblicazione. Questo testo riporta integralmente il mio intervento al Convegno del 18 marzo 1995.

Le ricerche condotte negli ultimi trent'anni in Nord America, Australia, Nuova Zelanda, e in Europa hanno esaurientemente dimostrato la validità e i vantaggi del bilinguismo precoce, sin dall'età pre-scolare.

In Canada, le ricerche che hanno confermato l'importanza di un bilinguismo precoce sono state condotte soprattutto su bambini anglofoni immersi, nel sistema scolastico, nell'apprendimento del francese come seconda lingua. Da queste indagini —iniziate negli anni Settanta— è emersa l'ipotesi, poi confermata, della coesistenza —in una società bilingue, ma di fatto utente, oggi, di più di cento lingue oltre alle lingue nazionali— di un ADDITIVE BILINGUALISM e di un SUBTRACTIVE BILINGUALISM.

Rivediamo, brevissimamente, i fattori che determinano l'ADDITIVE BILINGUALISM:

— i bambini anglofoni in questione sono utenti di una lingua ufficiale, della maggioranza, di prestigio;

— la loro lingua materna è viva, funzionale, usata in famiglia e anche nella società che i bambini frequentano abitualmente;

— i bambini sono "immersi" in un curriculum scolastico in cui la lingua d'istruzione è il francese come seconda lingua, lingua che apprendono da insegnanti formati pedagogicamente per questo tipo di programmi, secondo metodologie e materiali didattici creati in funzione di particolari esigenze ed obiettivi.

Da numerose indagini è risultato che questo tipo di bilinguismo, imperniato su un'interdipendenza fra lingua materna e seconda lingua, arricchisce lo sviluppo cognitivo, favorisce "self-awareness", "self-identification", e la socializzazione, oltre a produrre, nei soggetti bilingui, un livello ottimale nel rendimento scolastico, e una funzionale competenza nella seconda lingua, mai a detrimento della funzionale competenza nella lingua materna.

Il rovescio della medaglia, o il bilinguismo antitetico, è il SUBTRACTIVE BILINGUALISM, caratterizzato dai seguenti fattori:

— i bambini allofoni in questione sono utenti di una lingua di minoranza, non di prestigio, né tradizionalmente parlata come lingua ufficiale;

— la loro lingua materna —di cui spesso hanno soltanto una competenza passiva quando raggiungono l'età scolare— è —ma non sempre— viva e funzionale soltanto entro i confini della famiglia e della comunità etnoliguistica che i bambini frequentano;

— questi bambini vengono "sommersi" anziché "immersi" in una seconda lingua, in un curriculum scolastico in cui la lingua d'istruzione è una delle due lingue nazionali;

— apprendono la seconda lingua da insegnanti che spesso non sono stati formati pedagogicamente, e che adottano metodologie e materiali didattici che non sono stati creati in funzione delle reali esigenze dei loro studenti.

Questo tipo di bilinguismo, cui manca un'armoniosa interdipendenza fra lingua materna e seconda lingua, non arricchisce lo sviluppo cognitivo; non stimola "self-awareness," "self-identification" e socializzazione, non produce quasi mai un livello ottimale nel rendimento scolastico; non risulta in una funzionale competenza nella seconda lingua; è spesso a detrimento della funzionale competenza nella lingua materna, che quasi sempre si atrofizza, diventando una delle tante "lingue tagliate"[1].

Ciò che è emerso dalle indagini sul bilinguismo in questi ultimi trent'anni (risultati positivi e negativi, sul bilinguismo per "immersione" nell'ambito dell'istruzione pubblica di bambini di maggioranze etnolinguistiche, e per "sommersione" di bambini di minoranze — risultati corroborati inoltre da ricerche sul metodo di valutazione dei bambini di gruppi etnolinguistici di minoranza), ha convinto ricercatori ed educatori che l'elemento più importante, e il comun denominatore nell'equazione del bilinguismo precoce è il mantenimento della lingua materna. È la lingua appresa dalla nascita, in grembo alla madre, quella che serve a capire se stessi e ad acquisire la conoscenza del mondo; lingua materna come strumento che usiamo per inter-agire con 'gli altri', e per comprenderli.

Note quanto le ricerche che sostengono la validità del bilinguismo e del mantenimento della lingua materna nel caso di minoranze etnolinguistiche (ricerche alle quali mi sono finora implicitamente riferita — fra altre, le indagini di Cummins (1981, 1983, 1984a, 1984b, 1988, 1989), Danesi (1986, 1988), Cummins e Danesi (1990, Lambert (1990), Lupul (1976), Mallea (1989), Persi Haines (1988), Samuda and others (1984), Skutnabb-Kangas (1984), Swain and Lapkin (1982), Swain and others (1988), Titone (1987, 1988a 1988b), Wells (1981)—) sono le origini, lo svi-

---

[1] L'espressione "lingue tagliate" è tratta dal titolo del volume di S. Salvi, *Le lingue tagliate. Storia delle minoranze linguistiche in Italia*, Milano, Rizzoli, 1975. Per Salvi le lingue tagliate sono le lingue delle comunità alloglotte le quali, essendone venuta a mancare la tutela da parte dello stato, corrono il rischio di sparire (da notare che la prima parte del volume è intitolata "Cronache di un genicidio". (n. d. r.)

luppo e l'attuazione dei programmi canadesi di Heritage Languages. Altrettanto noti sono sia i programmi bilingui in Alberta, Manitoba e Saskatchewan —nei quali si sono usati l'ucraino e il tedesco come lingue d'istruzione— sia i programmi bilingui e trilingui della comunità ebraica a Montreal. In questa sede, non mi sembra sia necessario descrivere i tre tipi di programmi di Heritage Languages in Ontario (scuola del sabato; doposcuola, e mezz'ora al giorno) e i due programmi P.E.L.O. (Programme d'enseignement des langues d'origine) e P.I.C.A.I. (Patronato italo-canadese di assistenza agli immigrati) in Québec.

1. 2. Le domande che intendo porre, sulla base di questa mia premessa, si riferiscono in particolare all'italiano come Heritage Language, a livello elementare, insegnato, e non usato come lingua d'istruzione, nel doposcuola, per mezz'ora dopo l'orario regolare dei corsi d'istruzione, o nella scuola del sabato (ovvero in uno dei tre tipi di programmi di Heritage Languages disponibili nell'Ontario — provincia in cui l'istruzione pubblica può avvalersi soltanto delle due lingue nazionali).

La formazione degli insegnanti di Heritage Languages, in questo caso, è sporadica; questo tipo di insegnamento non richiede qualifiche particolari; metodologie e materiali didattici non sono adottati, né creati in funzione delle reali esigenze dei bambini che seguono i corsi.

Le riflessioni e domande che seguiranno, quindi, sono basate su osservazioni dell'apprendimento-insegnamento dell'italiano come Heritage Language a Ottawa, in Ontario. Sono riflessioni e domande, però, altrettanto valide per quanto concerne l'apprendimento e insegnamento dell'italiano come Heritage Language nel resto del paese; l'italiano, insomma, insegnato e appreso nel doposcuola, mezz'ora al giorno, o nella scuola del sabato; in tutto per un totale di due ore e mezzo alla settimana.

I programmi di Heritage Languages iniziarono nel 1977, in base alle premesse succitate sulla validità del bilinguismo e del mantenimento della lingua materna per bambini di minoranze etnolinguistiche, ma anche, e soprattutto, come risposta alle pressioni di gruppi di minoranze etnolinguistiche (in questa sede tutti sanno che una delle pressioni più forti per la creazione di tali programmi era stata l'apparente interferenza da parte di un governo straniero, l'Italia, in questo caso, nel sovvenzionare corsi di italiano a Toronto, nella Metropolitan Separate School Board — cfr. Berryman 1986).

Gli obiettivi dei programmi di Heritage Languages in Ontario (cfr.. Cummins e Danesi 1990) sono i seguenti:

— enhance the students' concepts of themselves and their heritage
— improve communication with parents and grand-parents

— prepare students to use heritage languages in the Canadian context

— allow students to use skills and concepts they already possess

— provide experiences in learning that may prove a valuable basis for credit courses at the high school level

— encourage all students to develop new language skills that will help them to function more effectively in Canada's multicultural environment as well as in the international community.

Secondo un'indagine condotta da Larter e Cheng (1986) per The Toronto Board of Education (cfr. Cummins e Danesi 1990), insegnanti di Heritage Languages, presidi e insegnanti di scuole pubbliche, e genitori di bambini iscritti a corsi di Heritage Languages espressero il loro sostegno per tali programmi in base ai seguenti criteri ed obiettivi:

— to improve communication with relatives

— to enhance pride in heritage

— to maintain and revitalize culture and religion

— because languages are best learned when young.

Nel contesto dell'insegnamento dell'italiano come Heritage Language, la mia prima domanda è:

— QUALE ITALIANO parlano i bambini iscritti in questo tipo di corsi?

— Parlano l'italiano standard, uno o piú dialetti, una lingua franca (che è il risultato di dialetti a contatto, e di calchi, interferenze, prestiti da una delle due lingue nazionali)?

— Parlano, quando entrano per la prima volta in una classe della scuola del sabato, soltanto una delle due lingue nazionali (spesso con competenza a malapena funzionale) e hanno una competenza passiva della lingua materna (italiano standard, dialetto, o lingua franca che sia)?

— In quanti casi la lingua materna è ormai rimasta soltanto quella dei nonni, e in quanti di questi casi la lingua dei nonni non è l'italiano standard?

— In quanti casi l'italiano standard —ovvero l'italiano che si insegna come Heritage Language nelle scuole del sabato— è la lingua materna, il lessico familiare? In quanti casi è anche la lingua che i bambini usano quotidianamente nella società che li circonda?

Nella maggior parte dei casi, i bambini che frequentano i programmi d'italiano come Heritage Language nella scuola del sabato NON PARLANO COME LINGUA MATERNA (né a casa, né nel quartiere italiano) quell'ITALIANO STANDARD che si insegna, o 'si mantiene', A TUTTI I FINI PEDAGOGICI, nei programmi di Heritage Languages, come la loro LINGUA MATERNA.

È legittimo quindi chiedersi se tali programmi siano basati sulla premessa che il mantenimento della lingua materna è importantissimo nei bambini di minoranze etnoliguistiche, per tutti i vantaggi che ho citato, e secondo i risultati delle ricerche che tutti conosciamo. È altrettanto legittimo chiedersi se l'italiano nelle scuole del sabato sia insegnato per raggiungere quelli che sembrano essere gli obiettivi fondamentali dei programmi di Heritage Languages:

— mantenere la competenza della lingua materna per sostenere lo sviluppo cognitivo di bambini bilingui — sviluppo che, come sappiamo, è arricchito dall'interdipendenza fra lingua materna e seconda lingua);
— mantenere l'uso della lingua materna, che i bambini, in teoria, dovrebbero già possedere, come strumento che permetta loro di comunicare ed inter-agire con genitori, parenti e con la società in cui vivono.

Queste domande sollecitano delle risposte che siano sorrette, per prima cosa, da indagini accurate. Indagini sull'italiano parlato in Canada (ovvero sulla lingua parlata dalle comunità italiane; sulla realtà etno-socio-psicolinguistica dei bambini che frequentano le scuole del sabato; sulle percezioni linguistiche e la vitalità linguistica; sulle motivazioni di scelte linguistiche; sulla predominanza o atrofia di alcuni dialetti in una situazione di contatto; in breve, sulla LINGUA FRANCA che si è creata per movimenti endogeni ed esogeni come risultato di una coesistenza di vari dialetti, prima, e di prestiti dalle due lingue della maggioranza, poi) sono necessarie quanto, e forse più, a questo punto, che la didattica dell'italiano come Heritage Language.

In questa sede, tuttavia, la mia prima domanda non può che sollecitare un'altra serie di domande con le quali intendo continuare e concludere la mia comunicazione.

1.3 — QUALE LINGUA INSEGNARE? (E, implicitamente, in BASE A QUALI REALI PREMESSE, ESIGENZE DEI BAMBINI e OBIETTIVI?)

— Fino a quando ci si ostinerà a insegnare nelle scuole del sabato l'italiano standard, come fosse, per tutti i bambini che frequentano i corsi di Heritage Languages, la loro lingua materna? E questo affinché i bambini mantengano uso e conoscenza della 'lingua materna' e apprendano a conoscere se stessi e il mondo che li circonda?

— Fino a quando chiameremo ITALIAN-AS-HERITAGE-LANGUAGE l'italiano che si insegna nelle scuole del sabato (spesso come terza lingua, o lingua straniera, o lingua moderna, internazionale, etnica o comunitaria, e i termini dipendono dall'ottica politica che ne determina la definizione) e la lingua che i bambini parlano in casa, con i genitori, i nonni; o fuori di casa, con i negozianti dei negozi italiani, gli amici con i quali giocano al parco, e soltanto la domenica, perché il sabato, invece, a differenza dei loro compagni, sono a scuola?

— Fino a quando si continuerà a 'sommergere' i bambini di origine italiana in corsi nei quali l'italiano è, per la maggior parte di loro, UNA TERZA LINGUA? Questo senza tenere in considerazione i dialetti, o la lingua franca, ovvero la loro reale lingua materna?

— Fino a quando —nel caso in cui i bambini siano utenti di un dialetto, (o di ciò che è rimasto di uno o più dialetti nella lingua franca con la quale sanno pensare, riconoscere il mondo intorno a sé, comunicare con nonni o genitori)— si fingerà che la loro lingua materna sia l'italiano standard?

— O fino a quando si continuerà ad ostracizzare queste 'lingue tagliate' dalle classi nelle quali si insegna l'italiano come Heritage Language? Perché non hanno alcun prestigio, queste lingue comunitarie si trattano esattamente come si sono trattate le lingue alloglotte, le lingue tagliate; in Italia, o negli Stati Uniti, ma anche in Canada, almeno ufficialmente, fino a vent'anni fa.

— Quanti insegnanti dei corsi d'italiano come Heritage Language possono dire, pubblicamente, di non aver trattato questa lingua franca —la LINGUA materna della maggior parte dei bambini ai quali insegnano— come una lingua che si deve sostituire con una varietà che, per la maggior parte dei bambini, non è, e non sarà mai, quella che hanno imparato in grembo alle loro madri, quella con la quale comunicano con genitori, nonni, fratelli, compagni di gioco?

Fino a che punto un rifiuto, e un ostracismo, della lingua che i bambini parlano con i loro genitori, o che sentono parlare dai loro genitori, li aiuterà a raggiungere alcuni di quelli che sono, ufficialmente, gli obiettivi dei programmi di Heritage Languages? Quelli, per esempio, di "enhance the students' concept of themselves and their heritage"; e di "improve communication with parents and grand-parents"?

Soltanto dopo aver risposto a queste domande, si potrebbe eventualmente farne un'altra, di vitale importanza:

— QUALE ITALIANO INSEGNARE (e COME INSEGNARLO) ?

La risposta è implicitamente suggerita dalla mia ultima domanda:
— COME FORMARE GLI INSEGNANTI?

Una domanda-risposta, la mia, basata su osservazioni, evidenza aneddotica, ricerche, ed esperienze di ventisette anni di insegnamento di lingua, cultura e letteratura italiana a gruppi di studenti —dal primo al quarto anno di università— che hanno sempre incluso, anno dopo anno, ragazze e ragazzi di origine italiana; su osservazioni nelle classi delle scuole del sabato; su "workshop" che ho tenuto per insegnanti delle scuole italiane. Le mie riflessioni sono in parte sollecitate, adesso, dall'inevitabilità di dover fare un bilancio delle mie esperienze didattiche in Canada, prima di lasciare l'insegnamento. Il paradigma in cui opero, ciò a cui credo anche, in parte, per i risultati delle mie indagini, si può descrivere con un semplice assioma: "teaching to learn and learning to teach" (ed ecco che riemerge il "code-switching", per schizofrenia bilingue...).

Imparo dagli studenti come insegnare, insegnando ad apprendere. Il modo in cui ogni studentessa —ci sono soltanto donne quest'anno nei miei corsi— impara; le sue esigenze, le sue reazioni, i risultati, le sue strategie di apprendimento, determinano le mie strategie d'insegnamento. La sua esplorazione di tutti gli ignoti e imprevedibili recessi del viaggio conoscitivo, del processo di apprendimento, è anche la mia esplorazione. Esploriamo insieme, e scopriamo, insieme, sempre cose nuove.

Per analogia, la formazione degli insegnanti di italiano come Heritage Language dovrebbe svolgersi su questo modello. In un corso di formazione —ma non in uno sporadico "workshop" di un'ora, o di un fine settimana— gli insegnanti delle "lingue del sabato" sarebbero, in un certo senso, i cardini di un duplice processo. Da una parte, imparando dai loro bambini, nelle loro classi, scoprirebbero quale italiano insegnare e come insegnarlo; dall'altra, consultando i docenti dei corsi di formazione sui risultati delle loro indagini, farebbero scoprire, ai formatori, il modo migliore per insegnare loro ad imparare insegnando. Non è un gioco di parole, il mio, come potrebbe sembrare.

Dopo ventisette anni di esperienza nell'ambiente accademico, non credo affatto che bastino alcune ore, o due o tre giorni di "workshop", per insegnare come imparare, dagli studenti, e dalle loro reali esigenze, ovvero come insegnare. Credo, invece, nelle indagini sul campo; credo al ruolo del binomio insegnante-studente come co-ricercatori nel processo dell'apprendimento. Credo alla formazione degli insegnanti —in questo caso insegnanti dell'italiano come Heritage Language in un contesto canadese— basata sulla formazione alla ricerca, e indotta da iniziale collaborazione; credo a testi e materiali didattici creati dagli insegnanti stessi, in funzione delle esigenze dei loro studenti. Credo quindi ad una formazione teorica soltanto come base, come stimolo, e in funzione di creatività, autonomia, flessibilità, ed eclettismo. Di conseguenza credo alla formazione di insegnanti che siano poi in grado di autogestire il loro "syllabus", e capaci non solo di valutare e adottare materiali didattici, ma anche, e soprattutto, di crearli.

Per illustrare ciò che intendo dire, concluderò con l'esempio di un progetto pilota. Dato il tempo a mia disposizione, mi limiterò a descrivere in pochissime parole il PROGETTO FIABA, un esperimento che ho condotto insieme a un gruppo di insegnanti di italiano in una scuola del sabato di Ottawa. Gli obiettivi: creare una situazione reale, autentica con cui sollecitare e stimolare nei bambini il processo della comunicazione orale e scritta; indurre gli insegnanti ad usare in classe la lingua dei bambini (ovvero quella parlata in casa e nella comunità) e a collaborare ad una potenziale indagine, alla raccolta di dati, all'analisi dei dati. Strumenti: dei narratori, volontari, donne e uomini del Gruppo Anziani Italo-canadese di Ottawa. La raccolta di dati: i lavori dei bambini; i diari/*journals* degli insegnanti; ma anche i testi videoregistrati, le fiabe narrate da persone anziane, i nonni della comunità italiana. Da questi indizi, è ovvio il "razionale" del progetto. Il fatto che il progetto FIABA non abbia suggerito e promosso, in seguito, simili iniziative, dimostra, soprattutto, la inevitabile marginalità di un esperimento del genere nel contesto di un programma d'insegnamento stabilito in precedenza, secondo obiettivi e direttive ben diverse. Positivo, in tutti i casi, e a tutti gli effetti, è il fatto che la scuola abbia appoggiato l'esperimento con entusiasmo e con risorse; che degli insegnanti si siano offerti di collaborare e abbiano completato con entusiasmo alcune fasi del PROGETTO FIABA; che gli ospiti del Gruppo Anziani abbiano accettato l'invito e abbiano raccontato le loro storie; che i bambini abbiano potuto vivere un'esperienza didattica autentica, un evento comunicativo, sulla traccia di esperimenti —da quel che ho letto, a mio parere, interessantissimi— fatti a Venezia, e descritti da Zuanelli Sonino.

Concludo cosí con una nota positiva la mia relazione 'aperta', piena di domande.

Carleton University

Riferimenti bibliografici

Berryman, J. (1986), *Implementation of Ontario's Heritage Language Program: A Case Study of the Extended School Day Model*, Unpublished Doctoral Dissertation, University of Toronto.

Cummins, J. (1983), *Bilingualism and Minority Language Children*, Toronto, OISE Press.

____. (1984a), *Bilingualism and Special Education: Issues in Assessment and Pedagogy*, Clevedon, England, Multilingual Matters.

____. (1984b), *Heritage Languages in Canada*, Toronto, OISE Press.

_____. (1986), *Heritage Language Education: A Literature Review*, Toronto, Ministry of Education.

_____. (1988), "From Multicultural to Anti-racist Education: An Analysis of Programmes and Policies in Ontario" in *Minority Education: From Share to Struggle*, a cura di T. Shutnabb-Kangas e J. Cummins. Clevedon, England, Multicultural Matters.

_____. (1989), *Empowering Minority Students*. Sacramento, California Association for Bilingual Education.

Cummins, J. e Danesi, M. (1990), *Heritage Languaqes: The Development and Denial of Canada's Linguistic Resources*, Toronto, Our Schools/Our Selves Foundation.

Danesi, M. (1986), *Teaching a Language to Children from Dialect Backgrounds*. Toronto, OISE Press.

_____. (1988), *Studies in Heritage Language Learning and Teaching*, Toronto, Centro Canadese Scuola e Cultura Italiana.

Lambert, W. (1990), "Persistent Issues in Bilingualism", in *The Development of Second Lanquage Proficiency*, a cura di B. Harley, P. Allen, J. Cummins, e M. Swain, 201-226, Cambridge, Cambridge University Press.

Larter, S. e Cheng, D. (1986), *Teaching Heritage Languages and Cultures in an Integrated/Extended Day*. Research Report, n. 181, Toronto, Toronto Board of Education.

Lupul, M. (1976), "Bilingual Education and The Ukrainians in Western Canada: Possibilities and Problems", in *Bilingualism in Canadian Education: Issues and Research*. a cura di M. Swain, 86-106, Edmonton, Canadian Society for the Study of Education.

Mallea, J.R. (1989), *Schooling in a Plural Canada*, Clevedon, England: Multilingual Matters.

Persi Haines, C. (1988), "Teaching Heritage Languages: A Position Paper", *Il Forneri* 2, 33-38.

Samuda, R. J.; Berry, J. W. e Laferrière, M. (1984), *Multiculturalism in Canada: Social and Educational Perspectives*, Toronto: Allyn and Bacon, Inc.

Skutnabb-Kangas, T. (1984), *Bilingualism or Not: The Education of Minorities*, Clevedon, England, Multilingual Matters.

Swain, M. e Lapkin, S. (1982), *Evaluating Bilingual Education: a Canadian Case Study*. Clevedon, England, Multilingual Matters.

Swain, M., Lapkin, S., Rowen, N. e Hart, P. (1988), "The Role of Mother-Tongue Literacy in Third-Language Learning". Paper presented at the SSHRC Conference on Exploring the Breath and Depth of Literacy, St. John's, Newfoundland.

Titone, R. (1987), "The Bilingual Personality as a Metasystem. The Case of Code Switching", in *On the Bilingual Person*, a cura di R. Titone, Ottawa, The Canadian Society for Italian Studies.

____. (1988a), "From Bilingual to Mixtilingual Speech: 'Code Switching' Revisited", *Rassegna Italiana di Linguistica Applicata*, XX, 2, 15-21.

____. (1988b), "From Cognitive to Integrated Models of Second Language Acquisition," in *Language Teaching and Learning: Canada and Italy* a cura di V.S. Lee,. Ottawa, Canadian Academic Centre in Italy.

Wells, G.. (1981), *Learning Through Interaction: The Study of Language Development*, Cambridge, Cambridge University Press.

Zuanelli Sonino, E. (1983), "Italiano e dialetto nella scuola: un modello tecnico e operativo" in *Eventi e generi di comunicazione: italiano e dialetto nella scuola*, a cura di E. Zuanelli Sonino, M. De Francheschi, V. Sambin e I. Terra, 9-30, Venezia, Libreria editrice cafoscarina.

Motivazione e creatività:
alcune riflessioni glottodidattiche

Agnese Nemeskeri

Il discorso che mi accingo a fare oggi si svolge nel contesto di un *workshop*. Come si potrebbe tradurre quest'espressione, e la nozione che essa comporta, in italiano? La parola migliore che mi viene in mente è "officina", nel senso rinascimentale: di collaborare, di *discere*, di osservare e di scambiarsi idee. Questo è il filo conduttore di questo convegno.

Come spunto, vorrei soffermarmi per un breve momento sulla questione della traduzione: a volte ci risulta difficile rendere il vero significato di un'espressione, con tutte le sue connotazioni, traducendola da una lingua all'altra. Perché? Perché la parola assume connotati diversi, significati differenti a livello semantico, a seconda del contesto in cui viene enunciata. Questo contesto, d'altro canto, è determinato da vari fattori intercomunicanti, come lo scopo della comunicazione, gli interlocutori, ecc. Contempliamo, ad esempio, quest'aula universitaria, per quest'occasione sede di un convegno. Chi sono i partecipanti? Perché sono convenuti? Quello che intendo esporre in questo breve discorso diventa soggetto di molteplici interpretazioni: ho creato un testo da condividere con voi; voi ne diventate coautori ricreandolo, ognuno in base alle proprie percezioni/idee/esperienze personali, nonostante il fatto che il discorso venga fatto in una lingua che è comune a noi tutti.

D'altra parte, sia il contenuto sia la forma (linguistica) della mia comunicazione sono il prodotto di un'elaborazione individuale che io ho compiuto sulle informazioni/idee/esperienze a me pervenute, non nell'isolamento di una cella, ma in un ambiente socio-linguistico-culturale ben determinato. E questo vale per tutti gli individui, membri di varie comunità culturali/linguistiche in tutto il mondo.

La "realtà" in cui viviamo, quindi, ci viene "trasmessa" tramite immagini ed altri segni/segnali non verbali, improntati a matrici create dalla comunità di cui siamo partecipi, e tramite la lingua come codice (insieme di segni verbali). D'altra parte, quello che noi percepiamo di questi messaggi —le nostre scelte— e il modo in cui li interpretiamo dipendono dalla nostra matrice psicologica/ cognitiva che è altrettanto determinata da fattori sociali di un macrocosmo culturale/linguistico. C'è, poi, una vasta gamma di "microcosmi" circoscritti (eventi/ambienti) che agiscono su questi messaggi.

Siamo arrivati adesso al "locus" della mia comunicazione: un ambiente/evento/microcosmo particolare, quello della scuola, dell'insegnamento/apprendimento. Consideriamo brevemente ciascuno degli elementi costituenti l'ambito di un'aula: sono presenti gli alunni e l'insegnante, in continua interazione, comunicando messaggi ed elaborando il contenuto che li accomuna: il soggetto/le nozioni da impartire, nel nostro caso, una lingua che, però, è portatrice anch'essa di contenuti da impartire.

Senza fermarmi a precisare l'identità della lingua (lingua straniera? lingua seconda? lingua madre?) dei nostri allievi su cui abbiamo sentito interventi in merito da parte di molti esperti/ studiosi durante questo convegno, vorrei soltanto fare un breve accenno generico al ruolo che la lingua svolge nel corso dello sviluppo cognitivo del bambino. Ricerche psicologiche rivalutate di recente, ma difatti svolte negli anni Trenta di questo secolo, propongono che lo sviluppo linguistico e quello cognitivo nel bambino siano processi paralleli e, al tempo stesso, intercomunicanti. Le già mentali del bambino lo aiutano a interpretare/internalizzare/ riorganizzare modelli di lingua trasmessi dall'ambiente. Questi modelli, una volta internalizzati, diventano la base del pensiero logico sotto forma di discorso interno che poi viene "esternalizzato" nell'uso, nella comunicazione/interazione del bambino con l'ambiente. Questa interazione, dal canto suo, diventa lo stimolo, e anche il mezzo dello sviluppo cognitivo in cui il bambino impara a interpretare il mondo circostante e a passare dalla percezione concreta al pensiero astratto — un processo che viene formalizzato, rinforzato e stimolato nell'ambito dell'istruzione scolastica, al quale il bambino partecipa già come padrone di mezzi linguistici acquisiti tramite comunicazione con l'ambiente piú ristretto della famiglia e/o dell'asilo nido. Nel caso di bambini monolingui, questa lingua diventa il mezzo per impadronirsi di nuove nozioni ed è, allo stesso tempo, soggetta anch'essa a sviluppi ulteriori a livello grammaticale e semantico.

Cosa succede nel caso di bambini bilingui? Hanno una perfetta padronanza di due lingue, nella stessa misura? Bisogna parlare di due fenomeni diversi sul versante cronologico: apprendimento sincronico (simultaneo), oppure diacronico (sequenziale). Nel caso di quest'ultimo, il bambino dispone già di una base linguistica sulla quale può elaborare le regole che governano la nuova lingua —quella seconda—, quindi è in posizione di vantaggio linguistico/cognitivo. Se, però, deve imparare la seconda lingua e/o i contenuti, le nozioni trasmesse da essa, senza essere in possesso di una base linguistica/cognitiva nella madrelingua, può trovarsi in condizione di svantaggio.

Dobbiamo, poi, distinguere tra due modi di apprendimento: quello che avviene in circostanze "naturali" (p. es., l'apprendimento della madre lingua), tramite l'uso, quello che si verifica in situazioni artificiali, nell'ambito di un'istruzione formale in cui s'impartono nozioni sull'uso (v. Zuanelli Sonino). Ricercatori della linguistica applicata come Steven Krashen ritengono che il modo ottimale per i bambini sia l'acquisire, cioè imparare la lingua (seconda, terza) in maniera naturale, tramite l'uso, mentre gli adulti, con degli schemi linguistici già ben solidi e già cognitive superiori a quelle del bambino, hanno bisogno di nozioni (grammaticali/strutturali) sull'uso.

Ora, il bambino considerato bilingue (inglese-lingua della comunità) arriva alla scuola per imparare una terza lingua: l'italiano standard. Perché, a quale scopo/con quale motivazione lo studia? Come percepisce questa lingua/ se stesso come potenziale utente/ l'insegnante che imparte nozioni su e in questa lingua? Questi sono fattori che, assieme ad altri che considereremo a parte, influenzano l'esito della partecipazione del bambino al processo dell'apprendimento. Qui vale fermarci un momento per un breve accenno laterale alle ricerche svolte nel Québec negli anni Settanta, da Lambert e Gardner, che indagavano l'effetto del bilinguismo negli studenti della scuola elementare nel contesto franco-canadese. Una particolare ricerca era intesa a scoprire il carattere del rapporto tra le percezioni degli studenti francofoni nei confronti del proprio gruppo etnico e la motivazione per l'uso e l'apprendimento scolastico sia del francese sia dell'inglese. Nella maggior parte dei casi, gli studenti dimostravano percezioni negative nei confronti di parlanti —di cui l'unica informazione era la voce registrata su audiocassetta— che esibivano accenti marcatamente francesi nel leggere un brano in lingua inglese, e di conseguenza un atteggiamento negativo verso la madrelingua.

Questo mi fa pensare al caso, sotto certi aspetti analogo, dell'indagine che ho svolto alcuni anni fa sugli atteggiamenti/sulle percezioni di bambini di 9 anni che seguivano programmi in italiano standard nelle scuole "del sabato". Le risposte a certe domande nel questionario hanno rivelato un atteggiamento negativo verso l'italiano e, quindi, una mancanza quasi totale della motivazione per l'apprendimento: a scuola non parlavano l'italiano standard eccetto qualche volta con l'insegnante, e non ne vedevano l'utilità nelle prospettive future.

Sappiamo anche che le percezioni dei genitori costituiscono un fattore importante nel motivare i bambini a imparare altre lingue. Quest'influenza si manifesta in modi espliciti ed impliciti. Può darsi che i genitori stessi trasmettano messaggi ambigui ai bambini, messaggi impliciti che riflettono un complesso di inferiorità nei confronti dell'italiano standard da una parte, ed un'aspirazione a renderlo raggiungibile, anche se a fini molto limitati, almeno ai figli? Ad ogni modo, la motivazione, in molti casi, è scarsa, sia a livello integrativo (voglia di far parte della comunità in cui la lingua viene parlata — in Italia), sia a quello strumentale-utilitario.

Siamo adesso arrivati al punto di considerare altri fattori importanti per l'esito dell'apprendimento: l'insegnante, i metodi didattici e i materiali adoperati. La domanda cardinale è, secondo me, come motivare gli studenti a imparare una lingua che, pur non essendo né la loro prima né quella seconda lingua, viene percepita come madre lingua da istituzioni educative canadesi: una lingua che per loro ha scarsi valori emotivi e/o utilitari.

In base alle nostre premesse iniziali, possiamo concludere che il bambino non è un recipiente passivo, bensí attivo, elaborativo dei modelli linguistici che gli pervengono. Infatti, ricerche glottodidattiche recenti, consoni con questa premessa, si concentrano sull'alunno come individuo. In questo senso,

1. l'insegnante non è più il protagonista dell'istruzione come evento socioculturale; deve assumere, piuttosto, il ruolo dell'animatore (*facilitator*) nei processi di apprendimento;
2. sia i metodi sia i materiali applicati devono centrarsi sull'alunno, considerando le sue esigenze, i suoi parametri linguistici/ psicologici.

Tutti i processi di apprendimento coinvolgono associazioni cognitive: le nuove nozioni vengono inserite nel sistema di nozioni acquisite prima. In più, questo processo associativo viene facilitato da riferimento al *concreto* ossia ad esperienze autentiche/pratiche. Le conseguenze glottodidattiche di queste considerazioni sono le seguenti: a livello linguistico, promuovere l'uso della lingua del bambino, almeno in una fase iniziale, come "impalcatura", finché il nuovo costrutto si regge da solo (si tratta, cioè, dell'uso della lingua comunitaria o del dialetto, anche a scopi di confronto con i nuovi elementi linguistici presentati — quelli dell'italiano standard); ridurre l'ansia al minimo, dare al bambino un senso di fiducia nelle proprie già, nei propri valori. Questo serve anche ad assegnare un certo prestigio sociale a una lingua che ne è, e n'è stata, tradizionalmente priva.

L'uso di una qualsiasi lingua è un processo creativo. La creatività dell'insegnante nell'inventare/elaborare una gamma di materiali significativi ed autentici stimola la creatività degli alunni nell'interpretare/rielaborare i modelli linguistici e rende il processo dell'apprendimento molto più efficace e meno arduo.

Considerando lo studente come centro delle attività didattiche, l'insegnante deve creare dei materiali che corrispondano alle esigenze poste dall'insieme dei tratti psicologici/intellettuali degli alunni, formatisi sullo sfondo di un retroterra socio-linguistico e culturale molto vario e, nel processo dell'apprendimento, *deve* tener sempre presente l'importanza del concreto vis-à-vis l'astratto. Questo non è, certo, un compito facile, anche perché bisogna affrontare le difficoltà causate da limiti di tempo e di risorse.

Proprio per questo, prima di passare ad illustrare quanto è stato detto in ultimo con un esempio, vorrei ribadire l'importanza di incontri simili, per stimolare colloqui e scambi di idee tra docenti e ricercatori. Solo cosí possiamo trovare risposte alle domande che ci poniamo come creatori di contesti intellettualmente e umanamente validi[1].

Carleton University

Riferimenti bibliografici

Krashen, S. (1981), *Second Language Acquisition and Second Language Learn-ing*. Oxford, Pergamon Press.

---

[1] Il workshop (alquanto breve, della durata di circa 40 minuti), che ha fatto seguito alla presentazione delle premesse di qui sopra, si prefiggeva lo scopo di suscitare una discussione tra i partecipanti —insegnanti di varie scuole "del sabato" di Montreal e di Ottawa— riguardo alla creazione *ad hoc* e l'uso di materiali autentici nelle loro classi, tenendo presenti le caratteristiche e le esigenze della scolaresca. A questo scopo è stato distribuito come campione un'"unità" dei materiali creati dalla professoressa Claudia Persi Haines in collaborazione con altre due insegnanti per le tre sezioni di un corso di lingua italiana per principianti offerto all'Università Carleton nell'anno accademico 1989/90 (per la descrizione dettagliata v. Persi Haines 1991). In breve, l'unità-campione —come il resto dei materiali adoperati in questo corso— aveva lo scopo di sviluppare e di mettere in moto strategie esplorative da parte degli studenti che, attraverso un "viaggio" dal conosciuto (contesti individuali/personali) verso lo sconosciuto (ambienti in cui l'italiano viene utilizzato), sono diventati coautori dei testi creati come mezzo non solo dell'apprendimento ma anche, e in modo piú importante, dello scoprire/ricostruire un'altra realtà linguistica e culturale.

È degno di interesse il fatto che, durante il corso della discussione a gruppi, molti insegnanti hanno dichiarato di aver adoperato approcci simili, senza però integrarli organicamente nei curricula rispettivi, e quindi piuttosto sporadicamente. È proprio questo il punto per cui un discorso continuo tra ricercatori/studiosi ed insegnanti può risultare fruttuoso e, addirittura, indispensabile.

Lambert, W.E., e Gardner, R. C. (1972), *Attitudes and Motivation in Second Language Learning*, Rowley, Mass., Newbury House.

Persi Haines, C. (1991), "From the Known to the Unknown: From Awareness of Mother Tongue and Culture to Learning about the Other," in *Where from Here? Issues Relating to the Planning, Managing and Implementation of Language Teaching and Training Programmes in the 90's*, a cura di V. Bickley, Hong Kong, Institute of Language in Education.

Zuanelli Sonino, E. (1982), "Verso una teoria dell'educazione linguistica," in *Italiano, dialetto, lingue straniere alle elementari*, a cura di E. Zuanelli Sonino, 15-40, Venezia, Arsenale Cooperativa Editrice.

Verso il contesto mancante?
critica del discorso sull'insegnamento e l'aspetto sociale dell'italiano in Canada

William   Anselmi

Questo discorso si ricollega idealmente a ciò che è già stato discusso nelle relazioni della Prof.ssa C. Persi-Haines e del Prof. F. Loriggio. Il punto principale di questa relazione è quello di collocare il discorso a proposito dell'insegnamento della lingua italiana nel suo proprio contesto: la realtà italo-canadese. Si è conservato l'aspetto orale della comunicazione credendo cosí di valorizzarne l'immediatezza (a scapito di un'analisi piú dettagliata e piú seria) di quella domenica mattina.

Non si vuole con questo lavoro schematizzare, o proporre uno studio pseudo-scientifico corroborato da statistiche, numeri, e tabelle che lasciano il tempo che trovano; piuttosto, una pacata riflessione sul 'contesto mancante', riflessione basata in parte sull'esperienza diretta, come insegnante della lingua italiana, ed in parte basata su di un'analisi critica del nostro spazio sociale. Il nostro pubblico ideale comprende non solo l'insegnante del sabato mattina, ma anche i membri di una comunità in via d'estinzione. Il sociale, quindi, per introdurre il problema dell'identità. In questo caso, identità etnica, specificamente marcata nel suo aspetto di partecipazione, come stile di vita, ad una piú grande realtà: il Canada.

Il fatto che si tralasci di parlare, meglio, di contestualizzare il proprio discorso per quanto riguarda l'insegnamento della lingua, sembra, come vedremo in seguito, il risultato di una forma di alienazione attiva, cioè di un conformarsi ad un modello sociale imposto dall'alto, dal discorso dominante, dal potere politico. D'altro canto, l'alienazione passiva, la troveremo all'interno di quattro solide pareti, immutabili nel tempo, dove si svolge l'insegnamento di una lingua, ma anche di un comportamento, di una costruzione falsata dell'identità. In effetti, l'imposizione di una lingua che proviene da altro spazio geografico, da altro sistema sociale, nega, in virtù dei modelli culturali ad essa connessa, la messa in gioco di una precisa identità, di un preciso contesto geografico, e di un preciso spazio socio-politico. Di certo, lo studente-soggetto, all'inizio della sua carriera, non si pone certe domande, ma finisce per accettare piú che passivamente una struttura, ed un fare che, paradossalmente, lo costringerà ad una identità sfasata, dove le basi saranno oscure parole, ma non di certo il 'mondo' di provenienza. In altre parole, se la scuola del sabato mattina —quella sotto l'egida di ciò che si chiamava 'Heritage Languages Program'— ha una funzione, e se la prassi è quella che abbiamo potuto verificare in questa sede, attraverso i vari discorsi sull'insegnamento, allora questa prassi è, in certo modo, una negazione storica del proprio gruppo etnico. Sembra un paradosso; cerchiamo di destrutturarlo in maniera adeguata.

Prima tesi: *l'insegnamento dell'italiano, senza una collocazione specifica nel contesto canadese, ha una funzione di rimozione dal sistema socio-politico del soggetto in formazione*

Negando il contesto spazio-temporale, ma favorendo la lingua di un'altra nazione, si favorisce la scomparsa della cultura italo-canadese — quindi il multiculturalismo sarebbe un'arma piú che raffinata di oppressione, non della cultura francofona, ma bensí delle altre varie etnie. (Per alcuni, certo, questa cultura italo-canadese non è mai esistita. E la lingua italiana viene imposta, a volte, nella sua forma piú bieca, nazionalismo di riporto, italoforzismo pre-berlusconiano, rapimenti mistici di fronte ad una sbiadita bandiera, e l'immancabile menzione di un certo Lui...). Siamo continuamente bombardati da una rete di messaggi che nega e ricaccia indietro nel tempo l'odierna realtà canadese: una società multirazziale, di svariate cittadinanze. Darei come esempio il successo che ha ottenuto un Neil Bissoondath (1994), con il suo libro *Selling Illusions*. Al posto della società multiculturale, le minoranze etniche inglesi e francesi vorrebbero ricostituirsi come principio di appartenenza *ab illo tempore*: 1867. Avrete senz'altro notato l'uso marcato di un certo linguaggio-contesto: chiamare in ballo padri fondatori o nazioni fondatrici che dir si voglia, i due gruppi dominanti, come gruppi etnici. La domanda che ci dovremmo porre sarebbe: *e noi chi siamo* ?

Seconda tesi: *la formazione dell'identità etnica avviene per afasia, quindi a scapito di modelli di auto-rappresentazione*

Se gli insegnanti d'italiano sono chiamati in gioco, cosí pure devono esserlo i vari media in/di lingua italiana. In questa fine di millennio, la considerazione del pericolo al cloroformio dell'immagine televisiva —quindi, lo strumento— è diventata abitudine. Oggi ci si sofferma, piuttosto, sulla realtà virtuale, disconoscendo che è da piú di trent'anni che abitiamo in quello spazio, lo spazio virtuale creato dalla televisione. È in gioco il potere dell'informazione —da chi a chi, tramite cosa e quale controllo— ma preferiamo soffermarci sulle tutine che fanno tanto cyberpunk, e che promettono nuovi, sensuali, contatti epidermici... Parliamo di *surfing the net*, e *surfando surfando* i media sclerotici come la stampa italo-canadese già affermano la fine del multiculturalismo. Potremmo non parlarne? È di qualche tempo fa, la "comparsata" dell'articolo che mi appresto a citare, ed è rilevante per noi per ovvie ragioni: chi parla, ci rappresenta. Chi parla, parla a nostro nome, assume in sé la voce di un'intera comunità, *media quella comunità in maniera tale da adeguarla alle circostanze di comodo del potere politico* che di certo non è nelle mani delle varie comunità etniche.

Nella rubrica *Punto di vista*, per il giornale comunitario di Ottawa, è apparso il seguente affondo: "La fiducia nel futuro del Canada", dove, a proposito dei vari problemi che affliggono il Canada, si suggeriscono le seguenti soluzioni:

> Ancora una volta modesti suggerimenti. Graduale eliminazione del multiculturalismo sia al livello ideologico che a quello pratico. Maggiore enfasi sul nazionalismo, sull'orgoglio di far parte di questo paese... (Coppola 1995)

ed ancora, il modello vincente è già qui:

> ... solo dopo aver abbattuto preconcetti, tradizioni, istituzioni che hanno dissanguato il paese. Ma il processo, il primo passo verso questa liberazione è già stato fatto in Alberta. Grazie a rivoluzionarie innovazioni del premier Klein, ad esempio, ben 35 mila riceventi l'assistenza sociale del Welfare sono scomparsi dalla provincia, svaniti. (Coppola 1995)

Questa retorica nazionalpopulista, che attacca e mette sullo stesso piano la *metafora* delle *diversità socio-culturali* come quella dei *poveri per volontà loro*, non è un incidente di percorso, bensí una linea, una visione che, a nome della comunità, istiga, questa sí, la ghettizzazione del diverso, a favore del ceto sociale che meglio si è integrato grazie anche ai fondi del multiculturalismo. La domanda da porsi è la seguente: com'è possibile che la comunità italo-canadese di Ottawa si faccia rappresentare in questa maniera? È questa veramente la voce comunitaria? E siamo certi che questo tipo di visione riduttiva (filtro che nega precisamente l'informazione critica di cui ora abbiamo piú che mai bisogno) non sia un *modus operandi* comune nelle varie comunità?

Una riflessione pacata e attenta dovrebbe mettere a fuoco i modelli comportamentali che sono stati prodotti dalla comunità, ovvero quei modelli su cui si è formata la cultura italo-canadese di massa, per poi arrivare ad un tentativo di riformulazione dell'identità canadese. E visto che la nostra è la società dell'immagine, propongo come archetipo base Johnny Lombardi, e quindi identificherò nella sua costruzione retorica l'asse portante di tutta una comunità, a partire dai media televisivi. Perché modello portante? Perché il sistema lombardiano è modello di successo, prima di tutto per quanto riguarda sovvenzioni governative e poi in quanto garante di successo economico. Ma la sua chiamata in causa ha a che fare con un modello ben preciso, ovvero il modello del mediatore tra la comunità e il discorso dominante, l'élite corpogovernativa anglocanadese e francocanadese:

> The notion of the mediator, or go-between, imposes a communicative system that, on the one hand, satisfies the working stereotype that the dominant system has strategically developed and, on the other hand, produces a working model for the member/s of that very community, a means of false self-representation.(Anselmi e Gouliamos 1994: 121)

L'insegnante si colloca precisamente nello stesso spazio sociale del mediatore, solo che la mediazione avviene come repressione di un contesto linguistico preciso, la lingua franca o comunitaria o che dir si voglia, e l'imposizione dell'italiano 'giusto', 'buono', ecc. — espressioni queste che denotano un sistema di valori imposti e non impliciti. Come mediatore tra la comunità e il discorso dominante, l'insegnante può alterare completamente quel tessuto sociale fatto di esperienze, di vita vissuta, e sostituirlo con un corpo piú che estraneo in quanto il referente è continuamente altrove. È attraverso questo processo, riproposto acriticamente, che avviene la seguente modellizzazione artificiale: allo studente-soggetto viene negata l'auto-rappresentazione in quanto i modelli proposti sono un *aut-aut* che non ammette altro:

a) o, lo studente-soggetto si identifica con il paradigma artificiale lombardiano, ed abbiamo allora i famosi *Gino* & *Gina* (parodie di parodia — cosí si annunciano tra di loro i giovani di origine italiana che corrisponderebbero ad un certo stereotipo piuttosto rozzo e artificiale, neocapitalista invero); oppure,

b) la costruzione artificiosa di un sé italianeggiante, si traduce in un 'renewed displacement' che prende spunto da quello dei genitori.

In entrambi i casi avremo la verifica generazionale di un taglio, di uno stacco dalla comunità in quanto né Rocco del Sud, né Toto Cutugno saranno in grado di dare un senso di appartenenza, o meglio, non potranno fornire strumenti atti a verificare una propria, e ripeto 'propria', identità. E cosí, la comunità italo-canadese segue la sua futura scomparsa in

quanto basa la sua rappresentazione su modelli lombardiani, paradigma eccellente per ogni produzione televisiva, sostituendo ai taral-
lucci ed al vino, l'immagine statica, fissa nel tempo, di un ballo maca-
bro, dove il volto che parla è la molteplicità dell'unico, vero Johnny
androgino. Ne siamo tutti responsabili per incapacità critica, per voglia di fondi, per non aver altri riferimenti che il Lombardkaiser. È
questa nostra incapacità a formulare criticamente il nostro contesto che
forma poi studenti universitari che chiamiamo svogliati, non interessati.

La scuola del sabato, che dovrebbe essere a tutti i costi integrata al
curriculum scolastico normativo canadese, non solo per legittimare la
lingua ma per definirne il contesto dialetticamente, rimane invece, per
molti, la bambinaia da odiare per tutta la vita. Diviene il serbatoio di
rimozione-di-sé —anche per via di quelle due ore spese non in classe ma
inginocchiati sul pavimento per non essersi comportati in modo disci-
plinato— per mancanza di dialogo critico e grazie a discorsi che anziché portare sulla scelta di una propria sessualità, sulle differenze d'i-
dentità, su ciò che significa società multiculturale, 'ottimizzano' il nostro Benetton, eroico esempio, facendo di ogni erba un fascio. E cosa dire
di questi studenti che, sebbene universitari, identificheranno l'altro-in-
sé come Gino o Gina, mimesi estatica, che ne derideranno i comportamenti, che faranno la loro bella passeggiata di fiuto e di struscio durante le varie "settimane italiane", e che si identificheranno con il
gruppo dominante illudendosi del Capitale: modello anglofono in nove
province, modello francofono nell'altra.

Terza tesi: *la cultura italo-canadese si può definire mediante testi non
circolanti, testi artistici che producono modelli di identità*

Esiste in Canada, attualmente con il riconoscimento "pamplegico" del
Governor's General Award a Nino Ricci (1990) (versante anglofono) e a
Fulvio Caccia (1994) (versante francofono), ma anche almeno dal 1978
con la pubblicazione di *Roman Candles*, antologia di poesie curata da
Pier Giorgio Di Cicco, una produzione testuale italo-canadese ignorata
dai piú. Ignorata a livello universitario, nella maggior parte dei dipartimenti d'italiano, in quanto ibrido immondo di contaminazioni
multi- inter- trans- culturali. Che fare? Semplicemente proporre come
studio quell'abbondanza di testi, quei romanzi, poesie e opere teatrali
che da sempre, poiché chiamano in causa talvolta acute riflessioni
sulle proprie condizioni d'immigranti e figli d'immigranti, propongono
modelli di identità. Non l'identità sfasata, falsata e stereotipata proposta dal modello lombardiano, dove il citato modello prende in pre-
stito dall'alto, dal discorso dominante uno stereotipo di vita e lo ripro-

pone come modello comunitario —ritornello: *mangiate cicoria, mangiate cicoria, fate una buona jobba*— bensí, molteplici modelli d'identità che nascono dalla comunità, dalle tensioni interne ad essa e che si basano, come ogni nostra finzione, sulla realtà, sul quotidiano. Basta soffermarsi su testi di Mary Melfi, Marco Micone, Pier Giorgio Di Cicco, Mary Di Michele, Peter Oliva, autori di origine italiana, e ne menzioniamo solo cinque, che tracciano la nostra storia collettiva ed individuale, che ci inscrivono all'interno di un discorso sulla 'canadesità'. Non starò qui a proporre un'analisi dei vari testi, ma a far breve considerazione della loro rimozione dall'immaginario collettivo.

Penso che la responsabilità maggiore sia dei media italo-canadesi. Il fatto che non se ne discuta in tali ambiti mi porta a considerare che il modello vincente non ammette alternative, e che tale prassi ci destina, come insegnanti, a considerare seriamente "Pasquale, il cuoco canterino" come possibile alternativa al nostro lavoro. Il fatto che tali testi non circolino all'interno della nostra comunità, che non se ne discuta nelle scuole medie del sabato, che rimangano insomma come inesistenti ai piú, conferma una volontà di annientamento di questa produzione-riflessione. Porrei allora una domanda a mo' d'analogia; com'è che ancora oggi, come vediamo per esempio nel libro *Winning Over Racism* (Arkwani 1995: 343-346), si dia la seguente falsificazione della realtà:

> .. the Canadian government quickly followed with its own decision to uproot and intern Canadians of Japanese origin in January 1942. No such action was taken against Italian and German Canadian who were also part of the Axis forces and had been at war with the Allies longer.

Non è forse vero il contrario, non sappiamo forse attraverso *La ville sans femmes,* di Mario Duliani, documento e romanzo biografico, —pubblicato nel 1945, nel '46 in italiano, e infine nel 1994 in inglese nella traduzione di Antonino Mazza—, che il fatto è realmente accaduto? Non abbiamo forse visto il film di Paul Tana, sceneggiatura e ricerca di Bruno Ramirez, *Caffè Italia,* apparso durante gli anni Ottanta; non abbiamo sentito le testimonianze di chi è andato 'in villeggiatura' in certi campi dell'Ontario e del New Brunswick durante la seconda guerra mondiale? Di nuovo una rimozione, di nuovo uno stacco generazionale che ci condanna: non è forse di metà dicembre 1994, il pronunciamento del ministro Finestone, a proposito del fatto che il governo canadese non avrebbe elargito compensi monetari per ripagare del misfatto i vari gruppi ucraini, italiani, tedeschi, cinesi. Dove era allora la comunità? Dove erano quei rappresentanti autoelettisi, che filtrano e mediano Lombardi *docet*?

Rimangono problemi, rimangono domande che dovremmo porci se non vogliamo rischiare di manifestarci in un'immagine che non bucherà piú lo schermo gigante ed immaginifico del Canada.

Dobbiamo reinterpretarci, ma a partire da una ricchezza di testi con cui dobbiamo confrontarci continuamente, e cosí riformulare insieme alle altre etnie, la questione di fondo: *per chi il Canada*? Siamo già alla trappola di una integrazione sommaria, che passa liscia sulla nostra pelle, siamo ormai identificati con i gruppi dominanti, anche per un sottile gioco di colori epidermici, senza aver acquisito nessun potere politico. C'è la possibilità di riformulare il Canada attraverso nuovi concetti: una federazione etnica, ad esempio, per smantellare la falsa polarizzazione tra due etnie che non si riconoscono come tali, e che cosí facendo ci condannano ad una assimilazione autoimposta, attraverso i cosiddetti mediatori. Una federazione etnica, che ridistribuisca la gestione del potere, in particolar modo quello politico. È questa una possibile via di uscita per rimetter in gioco l'insegnamento di una lingua che si confronti con quella franca, e che si aggiunga a quella come base iniziale per una società nuova, critica, multirazziale, *una federazione di etnie*.

Carleton University

Riferimenti bibliografici

Anselmi, W., Gouliamos, K. (1994), "Exclusionary Representation: A Hegemonic Mediation" in *Mediating Culture — The Politics of Representation*, a cura di Anselmi, W., Gouliamos, K., Guernica, Toronto / Montreal / New York, 119-132.

Arkwani, Obi. (1994), *Winning Over Racism*, Ottawa, Achama Communications.

Bissoondath, N. (1994), *Selling Illusions. The Cult of Multiculturalism in Canada*, Toronto, Penguin Books.

Caccia, F. (1995), *Aknos; suivi de Scirocco, D'Annapurna et d'Irpinia, Poèmies, morceaux choisis*, Montreal, Guernica.

Coppola, E. (1995, 27 febbraio), *Punto di vista*, "L'Ora di Ottawa".

Di Cicco, P. G. (1978), *Roman Candles. An Anthology of Poems by Seventeen Italo-Canadian Poets*, Toronto, Hounslow Press.

Duliani, M. (1945), *La ville sans femmes*, Montréal, Éditions Pascal.

____. (1946), *Città senza donne*, Montréal, Gustavo d'Enrico Editore.

____. (1994), *The City Without Women. A Chronicle on Internment Life in Canada During the Second Wold War*, translated from the French and the Italian, and with an essay, by Antonino Mazza, Oakville, Ontario, Mosaic Press.

Ricci, N. (1990), *Lives of the Saints*, Dunvegan, Ontario, Cormorant.

Alcune riflessioni sul rapporto della Commissione Parlamentare sul Bilinguismo e sul Biculturalismo relative all'insegnamento delle lingue etniche in Canada

Enrico W. del Castello

Lo scopo della presente riflessione è quello di esaminare alcune delle proposte, avanzate nel 1969 dalla Commissione Parlamentare sul Bilinguismo e sul Biculturalismo, relative all'insegnamento delle lingue etniche in Canada con particolare riferimento alle scuole elementari senza escludere, tuttavia, le scuole medie superiori.

Lo studio della Commissione Parlamentare rivela una comprensione fondamentale dei problemi e delle varie situazioni ben note a molti insegnanti di italiano.

Prima di entrare nella discussione va sottolineato che il compito principale della Commissione Parlamentare non era quello di studiare i gruppi etnici ma quello di vedere da vicino il problema del bilinguismo e del biculturalismo nel contesto politico e sociale canadese. Il *Volume IV* del Rapporto della Commissione esaminava l'importanza del contributo dei gruppi etnici all'arrichimento della società canadese e alle misure adatte per salvaguardare il patrimonio etnico. Il *Volume IV* quindi non è uno studio indipendente, bensí parte di un rapporto che si sofferma marginalmente a riflettere sui problemi del mantenimento del patrimonio pluriculturale del Canada in un contesto bilingue e biculturale.

Detto questo, dalla lettura del *Volume IV* ci si accorge presto che, sebbene certe situazioni vi siano notate solo in superficie ed in una maniera che non si può considerare completa (per le ragioni sopra citate), sia le proposte avanzate sia le osservazioni fatte corrispondono a valide ipotesi non ancora completamente studiate.

Il *Volume IV* della Commissione B & B (questo era il nome con il quale era conosciuta) fu acclamato come il predecessore della politica del multiculturalismo[1].

Pertanto uno sguardo veloce ma attento a quello che il *Volume IV* proponeva in materia di pubblica istruzione —rivolta a mantenere il patrimonio linguistico delle varie etnie canadesi— ci dimostra chiaramente fino a che punto esiste una differenza fondamentale tra le proposte avanzate dal *Volume IV* e la realtà attuale relativa all'insegnamento della lingua, che è invece emersa dalla presente politica sul multiculturalismo.

Il *Volume IV* spiega che il concetto di gruppo etnico non è necessariamente limitato a una etnia o a una madrelingua, bensí all'ispirazione collettiva di un gruppo ad "esistere", ovvero a promuovere il patrimonio culturale e linguistico senza sottolinearne necessariamente l'origine etnica. La politica sul multiculturalismo ha incoraggiato esattamente il contrario, restringendo, invece che allargare, il concetto che il patrimonio multiculturale canadese poteva essere condiviso con tutti i canadesi e non doveva essere riservato a specifiche etnie.

Il *Volume IV* nel suo preambolo dichiara:

> Ogni canadese dovrebbe avere il pieno godimento dei suoi diritti naturali e civili, anche nel contesto delle due società (anglofona e francofona). I cittadini che non sono di origine francese o inglese dovrebbero avere le stesse opportunità dei cittadini delle due società... L'individuo deve avere la completa libertà di scelta nella sua integrazione; la società che lo riceve deve, attraverso le proprie istituzioni, assicurargli opportunità eguali per la propria realizzazione.[2]

Il *Volume IV* fa riferimento specifico ai mass media, alle materie umanistiche e alla pubblica istruzione, prestando particolare attenzione all'insegnamento delle lingue etniche.

Lingua e cultura, per il *Volume IV*, sono un solo indivisibile concetto: la lingua serve ad esprimersi e comunicare secondo una propria logica e la cultura ci identifica, ci distingue; allo stesso tempo una moltitudine di varie culture arricchisce la società. Infatti sia la presenza che il contributo di varie lingue e culture sono viste dal *Volume IV* come un vantaggio di inestimabile valore che la società canadese non può permettersi di perdere.

---

[1] In questa relazione, ogni riferimento alla politica del multiculturalismo è rivolta specificamente alle misure che la stessa prevede per l'insegnamento delle lingue. Per un certo periodo sovvenzioni tramite The Cultural Enrichment Programme erano state messe a disposizione delle varie scuole ma sono poi state abolite.

[2] Tutte le citazioni tratte dal *Volume IV* sono di mia traduzione.

La prima preocupazione del *Volume IV* è la pubblica istruzione. La missione della scuola nella società moderna è essenziale per creare un ambiente che offra l'opportunità di apprendere altre lingue — forse non allo stesso livello di intensità in cui le due lingue ufficiali devono essere insegnate. La pubblica istruzione dovrebbe quindi prendere delle misure per permettere, a quanti lo desiderano, di imparare lingue e culture etniche e suggerire al sistema scolastico proposte per aiutare i gruppi etnici a continuare l'importante missione di tramandare la propria lingua e la cultura.

I principi enunciati dal *Volume VI* che hanno orientato le proposte avanzate sono tre:

1) i gruppi etnici dovrebbero avere la possibilità di poterò mantenere la propria lingua e la propria cultura nell'ambito del sistema scolastico;
2) l'insegnamento di una lingua etnica dovrebbe essere integrata nel contesto del biculturalismo e del bilinguismo; e,
3) partendo dal presupposto che la scuola elementare costituisce il periodo piú importante per mantenere la lingua e la cultura, è proprio a questo livello che gli sforzi piú importanti devono essere fatti.

Quindi, il *Volume IV* propone che l'insegnamento delle lingue etniche, a livello elementare, sia integrato nel sistema scolastico (magari come materie facoltative) là dove ci sia una richiesta sufficiente.

Il *Volume IV* continua spiegando che anche se all'inizio, questo potrebbe comportare delle difficoltà logistiche e pratiche, nondimeno, classi di lingue e culture etniche possono indicare —senza equivoci— la determinazione del Canada a voler mantenere le proprie risorse linguistiche, e, in questo caso, plurilinguistiche. Se ben organizzate, queste classi non costituiscono né un'interferenza per gli studenti, né un ostacolo per l'apprendimento delle due lingue ufficiali. Al contrario, una tale organizzazione potrebbe costituire un obiettivo didattico piú adeguato ai tempi moderni poiché i bambini, fin da una giovanissima età, avrebbero accesso ad altre lingue e culture etniche.

Infatti, anche se ci si aspetta che la maggior parte degli studenti che frequenterebbe corsi di una determinata lingua e cultura siano studenti appartenenti a etnie corrispondenti, tutti gli studenti avrebbero la possibilità di seguire simili corsi in caso lo desiderino. In questo modo si eliminerebbe la doppia segregazione che attualmente esiste nelle scuole del sabato: il fatto che gli studenti devono seguire i corsi al di fuori dell'orario scolastico e che necessariamente l'insegnamento di lingue etniche, a livello elementare, è riservato alle altre etnie e non agli anglofoni e ai francofoni.

Il *Volume IV* si pronuncia sulle scuole a tempo parziale o scuole del sabato, come sono meglio conosciute. Se da un lato non ne suggerisce mai la chiusura, dall'altro indica chiaramente che queste scuole, pur adempiendo un compito importante e necessario, non possono essere in grado di trasmettere in maniera adeguata lingua e cultura. Come è noto, il tempo a disposizione è limitato, il programma didattico viene lasciato all'iniziativa delle singole scuole, o del singolo insegnante, e, inoltre, non si richiedono ufficialmente insegnanti qualificati o direttive particolari dalle scuole.

Nel 1977, in Ontario e anche in altre province del Canada, il programma prima chiamato Heritage Languages (nel Québec P.E.L.O.) e poi, nell'Ontario, International Languages, ha visto i vari ministri della pubblica istruzione assumere un ruolo piú decisivo rispetto all'insegnamento di lingue etniche. I Provveditorati agli studi sono in teoria responsabili del curriculum come pure dell'organizzazione amministrativa dei programmi. Tuttavia —come ben sappiamo— molti Provveditorati hanno lasciato da parte le responsabilità didattiche concentrandosi solamente su quelle amministrative; in tal modo i programmi, fuori dell'orario scolastico, sono lasciati all'iniziativa delle varie infrastrutture comunitarie.

Nel 1995 la provincia dell'Ontario ha pubblicato il rapporto *For the Love of Learning* che, fra altre raccomandazioni, proponeva per la prima volta l'insegnamento delle lingue straniere integrato, a livello elementare, nel normale orario di scuola. Senz'altro un grande passo avanti. Tuttavia, senza direttive precise per il reclutamento e la certificazione degli insegnanti, e senza requisiti per un programma didattico omogeneo, tale proposta rimane difficile da realizzare.

Il *Volume IV* sostiene che le scuole del sabato possono senz'altro acquisire un ruolo complementare e rinforzare la conoscenza della lingua e cultura tramite attività culturali. I problemi messi in evidenza sono la mancanza di aule adeguate, la carenza di insegnanti qualificati, e le difficoltà finanziarie che le scuole devono affrontare di anno in anno.

Inoltre, il *Volume IV* indica che la sopravvivenza delle scuole del sabato, sebbene stabile da molti anni, potrebbe finire in situazioni precarie, data l'irregolarità con cui i vari enti erogano fondi a favore dei gruppi. La maggior parte dei gruppi etnici, che organizzano corsi di lingua e cultura, devono affrontare problemi pratici quali la mancanza di libri di testo appropriati, l'aggiornamento professionale per gli insegnanti, questioni di logistica nell'organizzazione stessa che costituiscono un intralcio all'obiettivo prefisso, cioè l'insegnamento della lingua.

Le altre proposte avanzate dal *Volume IV* includono

a) la possibilità dell'insegnamento della lingua straniera, nelle scuole medie superiori, integrata nel curriculum regolare per il conseguimento del diploma di istruzione secondaria di secondo grado;
b)lo sviluppo di direttive didattiche per tutti i programmi di lingue; e
c) la formazione adeguata degli insegnanti di lingua.

Il *Volume IV*, tra l'altro, giustamente osserva:

> Gli anni dai 5 ai 14 sono quelli considerati piú importanti per l'acquisizione di una lingua, ed è proprio in questo periodo che i giovanissimi devono ricevere una conoscenza di base della lingua, se poi la conoscenza della stessa deve essere ritenuta negli anni successivi.

Il *Volume IV* include anche proposte per l'insegnamento della lingua e cultura a livello universitario e a livello di corsi per adulti, (un fenomeno che tra l'altro comincia a palesarsi tra italiani di seconda o terza generazione che non hanno una conoscenza adeguata dell'italiano).

Si tratta di proposte e argomenti ben noti ad insegnanti e direttori dei corsi di lingua e cultura attraverso il Canada. Perché, quindi, fare delle riflessioni che ci dicono cose che già sappiamo? Se le proposte avanzate, e le osservazioni fatte da uno studio di oltre venticinque anni sono ancora valide e se le stesse situazioni sussistono ancora, significa che, nonostante i venti e piú anni di politica ufficiale di multiculturalismo, poco è stato compreso oppure che i cambiamenti sono cosí lenti da non produrre ancora i risultati sperati. La situazione è allarmante perché le lingue etniche (in particolar modo l'italiano) perdono continuamente terreno nonostante gli sforzi delle numerose comunità. L'evidenza di queste affermazioni trova conferma nei censimenti: nel 1971 l'italiano come lingua parlata in casa era citata da 425.000, nel 1981 da 344.000 e nel 1991 solo 288.000 dichiaravano l'italiano come lingua parlata in casa, e l'italiano prendeva il quarto posto dopo il cinese; questo anche se, rispetto ad altre etnie, la comunità italiana rimane terza per numero[3].

Se si riflette brevemente sulla politica del multiculturalismo, ci si accorge che, con tutte le buone intenzioni, il mantenimento e l'insegnamento della lingua e cultura rimane ancora un progetto per il quale molti sforzi e risorse devono essere dedicati sia dalle comunità sia dai

---

[3]"Pourcentage que représententent les langues maternelles et les langues autres que l'anglais ou le français au Canada, 1971 à 1991", *Le Quotidien, le 12 janvier 1993*. Naturalmente è necessario rilevare che le risposte alle domande del censimento variano secondo la formulazione della domanda e quindi le cifre relative all'italiano parlato in casa sarebbero potute essere diverse.

vari livelli di governi interessati a mantenere l'intento del Canada di rispettare il contributo delle varie etnie.

L'insegnamento dell'italiano, quindi, deve fare un salto qualitativo e cercare altre alternative perché è chiaro che la situazione attuale non ha dato i migliori risultati. È opportuno sottolineare che le alternative fornite dalla B&B presentano delle ottime possibilità di sviluppo e costituiscono senz'altro un punto di partenza importante per l'insegnamento delle lingue etniche.

La politica del Multiculturalismo, dopo piú di venti anni, rimane ancora difficile da capire per alcuni, semplicistica per altri e addirittura inaccettabile per altri gruppi.[4] Nella maggior parte dei casi in cui il multiculturalismo viene contestato, gli argomenti usati sono gli stesasi che contestano l'insegnamento delle lingue etniche. D'altra parte ci sono molti interventi a favore dei programmi d'insegnamento attuali di lingua e cultura.

Certo, i programmi e le misure attuali per per l'insegnamento della lingua e cultura etnica, per quanto imperfetti e con risultati non sempre promettenti, sono pur sempre gli unici a disposizione. Vale la pena quindi, guardare al futuro con occhio lungimirante, cosí come ha fatto il *Volume IV* della Commissione Parlamentare, e agire perché l'insegnamento della lingua e cultura italiana non rimanga un'utopia ma venga tradotto in azioni concrete. Questo permetterà la trasmissione costante, e in maniera stabile, dei valori di una grande cultura e della lingua di Dante e di Calvino a quanti vogliano farne coscientemente parte e a tutti i giovanissimi di origine italiana che hanno il diritto di abbracciare la lingua d'origine e le proprie tradizioni.

Centro Giovanile Formativo Italo-canadese, Ottawa.

---

[4]Cfr., a mo' di esempio, Pan K. Natta, "Multiculturalism: Has it actually fed racism, Essay," *The Ottawa Citizen*, April 29, 1989, B3.

Attività delle Università di Perugia e di Siena per la promozione dell'italiano

Paolo E. Balboni

Le università di Siena e Perugia, pur nella considerazione delle differenze che le caratterizzano, sono le due componenti di un medesimo sistema istituito formalmente nel 1992 dallo Stato italiano per promuovere la nostra lingua. Pertanto vedremo cosa fanno le due università senza accentuarne, dove possibile, le distinzioni.

Anzitutto una riflessione sulla ragione per cui gli stranieri vengono a studiare l'italiano in Italia.

Un tipo di "pubblico" è in netto calo, quello degli studenti di origine italiana: la terza generazione sta finendo il suo passaggio nelle università e quindi l'italiano come lingua etnica pare proponibile solo nelle iniziative di educazione permanente per la terza età, che avvengono all'estero, non certo in Italia (Cfr. Tosi 1991; sulla situazione del bacino newyorkese in particolare si vedano Macchiarella e Ciottoli 1993).

Inoltre, è cambiata la motivazione per cui gli stranieri vengono in Italia: mentre nella ricerca condotta al Ministero degli Affari Esteri negli anni Settanta (MAE 1981) la dimensione culturale "classica" era dominante tra le motivazioni per lo studio dell'italiano, già nelle ricerche della metà del decennio successivo (Baldelli 1987, Balboni 1987) c'erano dimensioni culturali nuove che comparivano: il cinema, le arti applicate —dalla moda al design, all'architettura—, la ricerca scientifica erano settori che attraevano studenti e studiosi.

Infine, va notato che sempre piú spesso c'è una richiesta di sola lingua separata dall'approfondimento letterario e culturale. Dal punto di vista accademico nordamericano (acutamente descritto in Lebano 1992) la domanda è cruciale: significa continuare a considerare l'insegnamento della lingua accademicamente inferiore rispetto agli insegnamenti culturali, oppure creare dipartimenti bifronti, in cui si insegnano con uguale dignità sia la lingua sia la cultura italiana, lasciando agli utenti la scelta e la combinazione tra le due. (Sulla motivazione degli studenti a Siena si vedano Maggini-Parigi 1983 e Maggini 1995; quanto a Perugia, cfr. Covino Bisaccia 1989-1990).

Veniamo ora all'aspetto qualitativo, all'analisi del servizio che le due università offrono sia allo studente straniero interessato alla lingua, sia al docente di italiano in cerca di aggiornamento glottodidattico.

L'insegnamento della lingua

Quanto alla lingua, in entrambe le università si è diffusa una notevole consapevolezza degli orientamenti della glottodidattica odierna: pur nel rispetto dell'autonomia del singolo insegnante, c'è una convergenza significativa verso l'approccio comunicativo, che si realizza in metodi di stampo situazionale o funzionale-nozionale e che tiene nella massima considerazione tre componenti:

— la natura dei bisogni comunicativi e degli interessi personali degli studenti che frequentano le due università;

— il fatto che l'utenza proviene da decine e decine di paesi, quindi ha retroterra linguistici e culturali disparati;

— il vantaggio dovuto al fatto di operare in situazione di "lingua seconda", quindi con la possibilità di interazione continua tra ambiente-classe ed ambiente-città, cioè tra attività glottodidattica formale ed acquisizione spontanea dell'italiano.

Entrambe le università puntano molto su quest'ultima caratteristica — che è quella che le qualifica rispetto ai molti centri all'estero, spesso ottimi, in cui l'insegnamento della lingua italiana avviene nella situazione ben piú astratta e inautentica di "lingua straniera".

A differenza di molti stati europei, lo Stato italiano ha deciso di entrare ufficialmente nel settore, da pochissimi anni, firmando una concessione in cui affida alle due Università per Stranieri, oltre che a Roma III, l'attività di certificazione linguistica.

L'attività di certificazione, iniziata nei primi anni Novanta, ha portato a due conseguenze positive:

— la costituzione nelle due Università per Stranieri di centri di ricerca sulla certificazione, cioè su uno dei problemi piú delicati dell'intera glottodidattica odierna: la natura della padronanza linguistica, i metodi per verificarla, i parametri secondo i quali valutarla;

— la partecipazione delle due università a consorzi internazionali di certificazione, che hanno innescato una serie di contatti con università straniere favorendo la "sprovincializzazione", una nuova consapevolezza degli standard europei.

La formazione dei docenti

Quanto alla formazione dei docenti, le due università hanno una diversa tradizione.

Perugia ha iniziato prima di Siena ed in maniera piú sistematica, con un corso (prima trimestrale e ora semestrale) alla cui conclusione c'è un'"abilitazione" (parola che va posta tra virgolette in quanto lo Stato italiano non ha ancora riconosciuto forme di abilitazione per l'italiano a stranieri).

Al di là di occasionali corsi per conto del Ministero degli Affari Esteri o della Pubblica Istruzione, Siena è entrata nel settore della formazione piú recentemente. Proprio in una logica che evita la concorrenza inutile tra le due università, Siena ha deciso di non fornire un corso di formazione lungo e residenziale, come quello semestrale già disponibile a Perugia, ma ha individuato un sistema di Corso di Perfezionamento (quindi destinato a personale già formato) che coniuga procedure di formazione a distanza, seminario residenziale, ricerca-azione. Tutte e due le università effettuano poi corsi modulari all'estero, di solito della durata di una settimana, con orario intensivo, per conto del Ministero degli Affari Esteri.

Entrambe le università apriranno, con il 1996-1997, un corso di diploma di Laurea triennale per la formazione di insegnanti di italiano a stranieri, secondo un modello di piano di studi elaborato direttamente dal Ministero dell'Università e della Ricerca Scientifica e Tecnologica, che ha lasciato poco spazio all'autonomia delle due università e che risulta fortemente squilibrato sul piano epistemologico: è una mini-laurea in lettere, non un diploma specializzante in didattica dell'italiano. Non solo le scienze dell'educazione sono *assenti* ma l'area glottodidattica è scandalosamente ridotta a favore delle discipline teoriche ed è *assente* nel terzo anno, cosiddetto "professionalizzante", dove invece compaiono Estetica, Dialettologia, Filologia, Semiotica del testo, Letterature comparate e Sociolinguistica: tutte scienze mirate alla conoscenza e non alla soluzione del problema professionale.

Accanto alla certificazione linguistica, di cui si è detto sopra, l'Università di Siena propone una certificazione didattica, che attesta la capacità didattica di una persona. Questa certificazione "DITALS" (Didattica dell'Italiano come Lingua Straniera) non è riconosciuta dallo Stato italiano.

In realtà sono proprio enti dello Stato italiano a richiederla: Istituti di Cultura, Consolati, o altri enti, che con i fondi del Ministero degli Affari Esteri organizzano i corsi preparatori e poi assicurano la somministrazione dei test DITALS.

Università di Ca' Foscari, Venezia

Riferimenti bibliografici

Balboni, P. E. (1987), "Una mappa dell'insegnamento dell'italiano all'estero", in *L'insegnamento della lingua-cultura italiana all'estero*, a cura di G.. Freddi, Firenze, Le Monnier.

Baldelli, I. (cur.) (1987), *La lingua italiana nel mondo. Indagine sulle motivazioni allo studio dell'italiano*, Roma, Istituto della Enciclopedia Italiana

Ciottoli. S., (1993), "I corsi di lingua e cultura italiana a New York", *Culturiana*, 15.

Covino Bisaccia, M. A., (1989-1990), *Motivazione allo studio dell'italiano nei discenti stranieri presso l'Università per Stranieri di Perugia nell'anno accademico 1988*, Perugia, Guerra Edizioni *(Analisi del Questionario A: (1990), Analisi del Questionario B: (1989)*.

Lebano, E, (1992), *Report on the Teaching of Italian in American Institutions of Higher Learning*, Bloomington, Centre for Italian Studies, Indiana University.

MAE, (1981), *Indagine sulle motivazioni all'apprendimento della lingua italiana nel mondo*, Roma, Ministero degli Affari Esteri.

Macchiarella, G. (1993), "L'italiano negli Stati Uniti 1980-1993" *Culturiana, 15.*

Maggini, M. (1995), "Individuazione dei bisogni e delle motivazioni di apprendimento dei destinatari dei corsi d'italiano dell'Università per Stranieri in Siena", *Educazione Permanente,*.3/4.

Maggini, M. e V., Parigi (1984), "Bisogni comunicativi e pubblico destinatario dei corsi della Scuola di Lingua e Cultura Italiana per Stranieri di Siena", *Annuario Accademico 1982-1984 della Scuola di Lingua e Cultura Italiana per Stranieri di Siena*.

Tosi, A., (1991), *L'italiano d'oltremare. La lingua delle comunità italiane nel mondo anglofono*, Firenze, Giunti.

Indice dei nomi

Indice